einfach
fairspeisen

DAS ZWEITE TAGWERK KOCHBUCH

1. Auflage November 2002

Grafische Gestaltung: Limo Lechner, Pastetten
Redaktion: Johann Wimmer, Dr. Inge Asendorf
Fotos: Limo Lechner, Rudi Oberpriller, Heide Dorfmüller
Druck: Offsetdruck Dersch, Hörlkofen

ISBN: 3-00-010494-1

Franz Leutner

einfach fairspeisen

Ein Gemüsekochbuch für Sommer bis Silvester

regional • ökologisch • jahreszeitlich

INHALT

Piatto bioregio 7

Vorwort zur Vorspeise 7
Secondo 9
Zwei Jahrzehnte nachhaltiges Wirtschaften 13

Von Sonnwend bis September 18

Ewiger Kohldampf: Blumenkohl und Broccoli 21
Tomate: Sommer voller roter Soße 28
Die Gesundheitsfeuerwehr 31
Giorni rossi – rote Tage in Oberbayern 33
Erbsen, Bohnen, Linsen 36
Die Alten, fit und knochentrocken 41
Mit der Impastoiata in die Zukunft 43
Linsen lesen im Voralpenland 45
Der Vollwertbayer: Roggen 48
Rohling Gurke 52
Die Zerstoßenen: Pesti und andere Gequetschte 56
Glück und Gras 62
Bulgur und Couscous 67
Dampfnudel hamma alle Dog 79
Zwiebelschicksal: ausgehölt und abgefüllt 82

Mit der Wegwarte bis zum Jahresende 88
Begrüßungsmenü 91
Bitterkeit 93
Paprika, Vitamine und Land unter 94
Vitamine statt Vollzug 99
Auberginenküche für Wahnsinnige 102
Ölwechsel für die regionale Küche 109
Distelgerichte auf der roten Liste 113
Brennende Liebe: Chili und Peperoni 117
Schwammerlgulasch in memoriam 122
Fettauge sei wachsam! 127
Kürbis: Perspektive für eine appetitliche Globalisierung 128
Kürbisvariationen 133
Speiserüben: Elfenbein und Goldrubin 138
Langsam zurück zu den Wurzeln 146
Uriges Wurzelwerk 150
Noch radikaler, noch mehr Radi: Meerrettich und Schwarzer Rettich 152
Und schon wieder Kohl: Rosen, Spitz und Sauer 158
Spitzkraut und Rosenkohl 163
Sauerkraut 167
Glückliche Verhältnisse: Bratkartoffeln und andere 170
Feldsalat und Winterpostelein 175
Geliebte Erna 180
A tavola! 183
Register 186

PIATTO BIOREGIO

VORWORT zur Vorspeise

Eine andere Welt ist möglich. Schließlich ist nichts leichter als die großen Probleme der Menschheit zu lösen. Und nichts schmeckt besser. Man braucht dazu nicht viel, nur: Kohlenhydrate, wie Nudeln, Knödel oder Reis. Dazu Öl, Bohnen und anderes Gemüse. Die Rezeptur für eine faire Welt ist denkbar einfach und heißt – weltweit: regionale und ökologische Küche.

Nudeln, Risotti oder Knödel können die meisten Menschen aus Getreide, das in irgendeiner Form fast auf der ganzen Welt wächst, selber herstellen. Und Bohnen, Erbsen oder Linsen gedeihen auch fast überall; sie können uns anstelle von Fleisch ausreichend mit allen wichtigen Aminosäuren versorgen. Einen Braten gibt's dann nur noch ab und zu. Auch braucht dann nicht mehr die Hälfte der Weltgetreide- sowie der Sojaernte kreuz und quer über den Globus transportiert und an die Schlachttiere verfüttert zu werden. Ohne Spritzmittel und Kunstdünger erzeugtes Getreide, Bohnen und anderes Gemüse reichen dann noch lange aus, um uns alle auf dieser Welt gesund und vollwertig zu ernähren.

Das war's. So einfach ist das. Echt. Das ist doch zu schaffen. Besondere Opfer braucht auch keiner zu bringen. Vor allem nicht jetzt , um diese Jahreszeit. Denn vom Sommer bis zum Jahresende wächst ja auch in unseren Breiten fast alles, was man sich nur wünschen kann.

Also packen wir's an. Am besten mit einer kleinen Vorspeise. Und die ist auch ganz einfach zubereitet.

Frische Bohnenkerne mit Rosmarin

1 kg Schoten von Feuer-, Käfer- oder anderen Bohnen
2 Zweige Rosmarin
Olivenöl
1 Knoblauchzehe
Salz und Pfeffer

Bohnenkerne auspulen und zusammen mit den Rosmarinzweigen in wenig Wasser weich dünsten.

Olivenöl, den zerquetschten Knoblauch, Salz und Pfeffer dazugeben. Passt sowohl solo als Vorspeise als auch zu Gemüse- bzw. Getreidebratligen oder zu kurz gebratenem Fleisch.

SECONDO

Zweiter Gang. Den gibt es nicht nur bei jedem richtigen Menü, sondern auch bei unseren Kochbüchern. Beim vorliegenden Band handelt es sich um den zweiten Teil von *einfach buono!*, einer jahreszeitlichen Gemüseküche.

Jetzt dreht es sich um die Zeit vom Sommer bis zum Jahresende. Wie im ersten Teil geht es auch diesmal um eine Küche, die den Erfordernissen einer zukunftsfähigen Ernährung entspricht. Mit dem Satz „Einfach leben und einfach kochen" drücken wir schlicht und einfach den Kern unserer Weisheit aus, wenn es um die Frage geht, wie und was die Menschen künftig essen sollen. Auch wenn es sich simpel anhört: Unser Leitsatz verspricht einen täglich wiederkehrenden Genuss und stellt eine im Grunde unverdiente Chance dar, den Weg aus der selbst verschuldeten ökologischen Sackgasse zu einem kulinarischen Abenteuer zu machen.

Warum das Einfache so schwer zu machen ist, bleibt ein Geheimnis. Wer hierzulande sein Essverhalten ändert, kann nichts verlieren, nur gewinnen. Wer weniger Fleisch isst, wird es bei einer guten, phantasievollen Küche nicht vermissen. Und wer sich, statt Junk-Food im Schnellrestaurant oder Convenience-Produkte aus der Mikrowelle zu futtern, ein einfaches Essen mit guten Zutaten selber zubereitet, wird an Gesundheit und Genuss weitaus mehr gewinnen, als er an Bequemlichkeit einbüßt.

Wenn da nur nicht immer diese Angst wäre, etwas zu verpassen von den Verheißungen des modernen Lifestyles. Es ist die ständige Sorge, zu kurz zu kommen, die einen allzu leicht zum Objekt der Umsatzstrategen in den Marketingabteilungen der Konzerne werden lässt.

Wer hier dagegen halten will, muss sich immer wieder vor Augen führen, worauf es ihm wirklich ankommt: über die unendlichen Wahlmöglichkeiten einer Konsumgesellschaft zu verfügen, die nur das Hier und Jetzt kennt, oder aber selbstbestimmt zu leben und Kurs zu halten auf eine zukunftsfähige Gesellschaft, auch gegen Wind und Strömung. Und noch etwas sollte man können, und darum geht es hier: einfach gut kochen. Abwechslungsreich, phantasievoll und vor allem mit ökologisch erzeugten und handwerklich verarbeiteten Zutaten.

Warum Fastfood und „Malbouffe" (Schlechtessen) für viele zum Erlebnis wird, liegt aber nicht nur an der Beeinflussung durch Werbung und Medien, sondern auch an der Qualität vieler Lebensmittel. Wenn Käse nach Plastik schmeckt, H-Milch wie aufgerührtes Pulver und Äpfel nach gar nichts, dann wundert es nicht, wenn ein mit Glutamat, Aromastoffen, oder mit Sägemehl geschmacksmanipuliertes Novelfood als Gaumenfreude erscheinen kann.

Aber Gott sei Dank, die Rolle rückwärts funktioniert. Und wir merken es heute an unseren Kindern, dass Mac Donald's kein Essen, sondern ein Abschnitt in der Pubertät ist. Und wenn der einmal abgeschlossen ist, kommen auch junge Leute wieder auf den Geschmack und lernen den Wert naturbelassener Lebensmittel schätzen. Nicht nur um des Genusses willen, sondern auch als Ausdruck einer persönlichen Kultur von Selbstbestimmung, Zuneigung und Zusammengehörigkeit.

So dumm sind wir Menschen auch wieder nicht, dass wir auf Dauer alles schlucken, was heute in den Forschungslabors von Wissenschaft und Industrie zusammengebraut wird. Gutes Essen ist mehr als Fertig- und Designerfood, als gentechnisch manipuliertes Novelfood zur Massenverpflegung. Überall auf der Welt gilt, was Mariana Ogodi aus Nigeria über die Esskultur auf ihrem Kontinent schreibt: *Es gilt in Afrika als einer der schönsten Liebesbeweise, jemand anderen zu bekochen. So wird in der Nachbarschaft und Verwandtschaft an Festtagen oder zu besonderen Gelegenheiten Essen als Zeichen von Zuneigung ausgetauscht... Ein alter Spruch bei uns lautet: „Die Freude und Liebe, mit der das Essen serviert wird, ist mindestens genauso wichtig wie die Sättigung durch das Essen selbst."*[1]

Und was in Afrika als schönster Liebesbeweis gilt, ist auch bei uns an warmen Sommerabenden nicht zu übersehen. Wenn die Rauchsäulen aus den Gärten und von den Balkonen aufsteigen, dann grillen die Vatis für ihre Lieben. Verantwortungsbewusste Familienväter wissen was gesund ist, und grillen daher vorwiegend Gemüse, auch wenn mal ein paar Würstchen dabei sein dürfen, oder ein Kotelett hin und wieder. Gegrillt wird Gemüse aus der Region, das frisch geerntet wurde, und nicht auch noch verschifft, transportiert, veredelt, geschlachtet, zerteilt und in Plastik verpackt. Zwar kann man Gemüse nicht immer so einfach auf den Grill werfen wie ein Stück Fleisch, aber das bisschen zerschneiden, marinieren und putzen ist nicht nur Liebesbeweis, sondern auch gemeinsames Erlebnis und Abenteuer.

Wie immer gehen wir bei allen Rezepten von 4 Personen aus, wobei aber letztlich jeder selbst am besten weiß, wieviel er und seine Familie isst. Die Mengen also entsprechend anpassen und vor allem dann ändern, wenn aus Zwischengerichten oder Nachspeisen Hauptgerichte werden sollen.

---

[1] *Mariana Ogodi: Palmwein und Erdnusskekse. Ernährung und Esskultur in Afrika, in: Ernährung in der Wissensgesellschaft. Campus Verlag 1999, S. 213*

Vor dem Hauptgericht gibt es einen Salat, natürlich einen gegrillten. Das heißt, gegrillt wird eigentlich nur die Aubergine, die mit ihrem Aroma nach Rauch und Feuer, zusammen mit höllisch scharfen Peperoni, einen braven gemischten Salat zu einem erstklassigen kulinarischen Inferno anfachen kann. Wer es dagegen eher mild und nur etwas rauchig mag, lässt die Peperoni besser weg.

SALAT MIT GEGRILLTEN AUBERGINEN

1 ca. 600 g schwere Aubergine (oder 2 kleine)
ca. 200 g Cherrytomaten
ca. 200 g gelbe Spitzpaprika
1/4 Schlangengurke oder 1/2 Landgurke
1-2 Knoblauchzehen
Salz und Pfeffer
1/2 bis 1 ganze rote Peperoni
1/2 Kopf Romana (Batavia o.ä.)
Olivenöl, Rotweinessig, Zitrone
1/2 Bund Petersilie

Aubergine grillen. Immer wieder drehen, bis ihr Fleisch weich und die Außenhaut rundherum verbrannt ist.

Abkühlen lassen und die verbrannte Haut sauber abschälen. In Würfel mit ca. 2 cm Kantenlänge schneiden.

Cherrytomaten halbieren, Paprika und Gurke in Stücke schneiden und mit den Auberginenwürfeln vermischen.

Knoblauch zerquetschen, Petersilie und Peperoni fein wiegen und zusammen mit Essig, Zitronensaft und Pfeffer zu einer Marinade abschmecken. Zum Gemüse geben.

Mindestens 10 Minuten beizen lassen. Vor dem Servieren mit Öl und Salz abschmecken und den grob zerrupften Blattsalat dazugeben. Salzen und pfeffern. Mit Brot servieren.

Zwei Jahrzehnte nachhaltiges Wirtschaften

Nachhaltigkeit ist nicht zu Unrecht ein Schlüsselbegriff, wenn es um die Entwicklung von ökologischen und sozialen Zukunftsperspektiven für unseren Planeten geht; ein Begriff, der seit der UN-Konferenz in Johannesburg endlich Beachtung findet. Was aber ist damit eigentlich gemeint? In aller Kürze: nachhaltiges Wirtschaften ist das Gegenteil von hemmungsloser Ausplünderung.

Ursprünglich aus der Forstwirtschaft stammend – man verstand darunter nichts anderes, als dass nicht mehr Bäume gefällt werden sollen, als wieder nachwachsen – wurde Nachhaltigkeit bald als Konzept für eine zukunftsfähige Weltwirtschaft entdeck. Eine Wirtschaftsweise, welche die Lebensgrundlagen auf der Erde auch für zukünftige Generationen erhält.

Nach dieser Idee versuchen wir in unserer ostbayerischen Region seit beinahe 20 Jahren zu wirtschaften. Unsere Rezepte sind ein Ergebnis davon. Begonnen hat es mit unserer TAGWERK-Genossenschaft im Jahr 1984. Damals waren wir eine Handvoll Biobauern, Aussteiger und Verbraucher, die nach einer Alternative suchten. Seither erzeugen und vermarkten wir hauptsächlich in der Region und mit der Unterstützung von vielen Verbrauchern Nahrungsmittel, die nach den Richtlinien des ökologischen Landbaus hergestellt werden. Zu unseren Mitgliedsbetrieben gehören nicht nur Landwirte, sondern auch ökologisch arbeitende Gärtnereien, Müller, Metzger, Bäcker, Imker und Nudelmacher.

Zusammen mit den Verbrauchern ist ein Netz wirtschaftlicher Beziehungen gewachsen, das auf den Feldern unserer Landwirte eine naturverträgliche Bewirtschaftung sichert. TAGWERK-Läden, TAGWERK-Biomärkte und der TAGWERK-Großhandel sind – mit finanzieller Unterstützung der Verbraucher, etwa in Form von Beteiligungen – entstanden. Vertrieben werden als regionale Markenprodukte TAGWERK-Milch, Käse, Getreide und Getreideprodukte, Gemüse, Fleisch und Wurst, dazu handelsübliche Naturkost.

Lange bevor die offizielle Politik von der Notwendigkeit einer ökologischen Wende in der Landwirtschaft sprach, ist so eine ökologische Leistungsgemeinschaft herangewachsen, die Abstand zum immer stärker auf Gewinnmaximierung und Globalisierung ausgerichteten Marktgeschehen hält. Eine Gemeinschaft, die versucht auf regionaler Ebene die Strukturen aufzubauen, die zur Sicherung der Lebensgrundlagen und zur Erzeugung gesunder Lebensmittel erforderlich sind. Bevor Kanzleramt und Ministerien die Agrarwende ankündigten, hatte die Koalition der Biobauern mit den Menschen an den Kochtöpfen längst begonnen.

Ökologischer Landbau und Nahversorgung sind die wichtigsten Steine im Puzzle einer nachhaltigen Ernährungssicherung. Beides sind wirtschaftliche Kreislaufsysteme, darauf angelegt, die Regenerationsfähigkeit der natürlichen Ressourcen zu erhalten und den Schadstoffeintrag so gering zu halten, dass er für die Umwelt zu verkraften ist. Und: beide Systeme sind für eine auf maximale Kapitalverwertung ausgerichtete Wirtschaft und Politik uninteressant. Von Regierungen mit zusehends neoliberaler Wirtschaftspolitik erwartet niemand ernsthaft eine engagierte Wende zu einer nachhaltigen Ernährungspolitik. Die Entwicklung einer ökologischen Ernährungswirtschaft und die Sicherung einer gesunden Lebensmittelproduktion für alle Menschen muss daher von unten wachsen.

Der Erfolg wird wesentlich von uns und unserer Bereitschaft abhängen, die Ernährung von weniger Fleisch auf mehr Getreide und Gemüse umzustellen und die Erzeugnisse aus einer umwelt- und sozialverträglichen Landwirtschaft und Lebensmittelverarbeitung in ausreichendem Maße nachzufragen. Nur wenn wir heute anders einkaufen, anders kochen und letztlich anders, besser essen, gibt es morgen gute Chancen auf ausreichende und gesunde Nahrung – für alle. In diesem Sinne heißt gut essen auch fairspeisen. Ökologisch erzeugte Lebensmittel sind nicht nur gesünder, sondern auch ein Schlüssel zur Entspannung weltweiter Konflikte um Nahrung und Rohstoffe. Und nicht die Politik, sondern die Menschen in der Küche und am Grill machen letztlich Geschichte. So wie die Kunden und die Mitglieder unserer Genossenschaft.

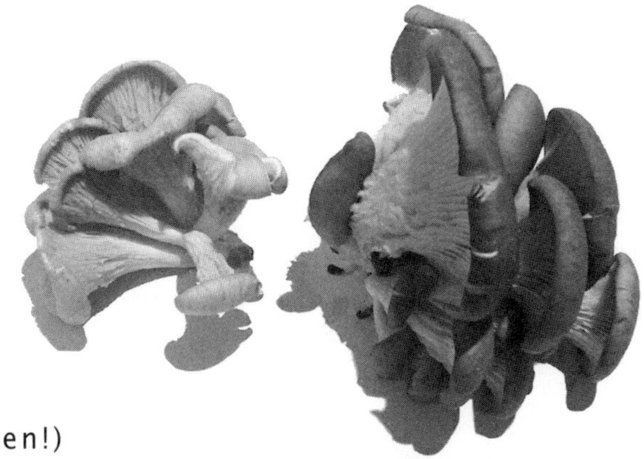

GEGRILLTE PILZE
MIT ZUCCHINI

ca. 300 g Champignon
(keine für den Rost zu kleine Pilze verwenden!)
ca. 300 g Austernpilze
400 g Zucchini oder Ufokürbis
1-2 Knoblauchzehen
1/2 Bund Petersilie
nach Belieben 1 kleine Peperoni
Zitronensaft von etwa 1/2 Zitrone
Salz und Pfeffer
1/2 Tasse Olivenöl
10 oder mehr Salbeiblätter

Pilze putzen und die größeren in mundgerechte Stücke, den Zucchino (oder Kürbis) in 1/2 cm Zentimeter dicke Scheiben schneiden.

Knoblauch, Petersilie und die Peperoni mit dem Wiegemesser ganz fein hacken, dann zusammen mit dem Zitronensaft, Salz und Pfeffer in das Olivenöl geben und verrühren.

Die Pilz-Zucchini-Mischung in eine Schüssel geben, Salbeiblätter darüber streuen und das Ganze mit dem Kräuteröl übergießen. Alles gut durchmischen und etwa 1/2 Stunde stehen lassen.

Dann die Pilze auf den Rost legen. Die Salbeiblätter auf die Pilze geben. So lange grillen, bis die Pilze durch sind. Heiß servieren.

So, und jetzt gibt's noch einen Nachtisch. Schlicht und einfach, aber wunderschön anzuschauen, im Geschmack süß und säuerlich und ein absoluter Superlativ sommerlicher Hochgenüsse.

KANDIERTE KÜRBISBLÜTEN MIT JOHANNISBEERQUARK

4 Kürbisblüten
50 g rote Johannisbeeren
Zitronenmelisse- oder Pfefferminzblätter
4 gehäufte EL Quark (am besten Rahmstufe)
Mascobado-Vollrohrzucker (oder Honig),
Butter

Kürbisblüten behutsam öffnen und unter einem milden Wasserstrahl vorsichtig auswaschen. Abtropfen lassen.

Johannissbeeren entstielen, mit der Gabel zerdrücken und mit gehackten Melisse- oder Pfefferminzblättern unter den Quark mischen. Mit Zucker (oder Honig) abschmecken.

Kürbisblüten mit dem Beerenquark füllen. Butter in der Pfanne zerlaufen lassen und unter Rühren 1 EL Zucker schmelzen.

Die Kürbisblüten bei milder Hitze beidseitig in der heißen Butter ausbacken. Anschließend – zusammen mit der eventuell ausgelaufenen Füllung – auf den Tellern anrichten.

Von Sonnwend bis September

Der Sommer, kaum ist er da, vergeht viel zu schnell. Tage wie Samt und Seide fliegen nur so dahin, und bis man sich umschaut, regnet`s auch schon wieder, und der Nebel kriecht aus allen Ecken.

Aber vorerst gibt's noch Sonne und Gemüse in Hülle und Fülle, und wir können gar nicht alles ausprobieren, was uns an Rezepten einfällt. Kulinarisch eilen wir von Höhepunkt zu Höhepunkt, rastlos bis zum großen Finale im Herbst. Den Bauern steht außerdem die Getreideernte ins Haus. Anlass genug also, sich ein wenig mit Getreide zu beschäftigen. Unvorstellbare Mengen an hochwertigsten Lebensmitteln werden jetzt geerntet, die Grundlage einer gesunden und leckeren Ernährung für alle. Aber leider verfüttern wir den größten Teil des Getreides wieder in den Mastbetrieben an unsere künftigen Grillwürstchen, Hamburger, Steaks und Braten. Kein Wunder, dass für viele auf dieser Welt nichts mehr übrig bleibt.

Für ein einziges Fleischpflanzerl (Hamburger) mit einem Gewicht von etwa 150 g verfüttern wir genauso viel Getreide wie für drei Kilo Brot. Oder wie für einen Pizzateig für 18 Pizzas. Oder für etwa 22 Portionen saftigen Risotto. Dabei sind Roggen, Dinkel, Weizen, Emmer, Gerste, Hafer, und seit neuestem wieder Einkorn, als Körner, Schrot, Mehl, Pizzas, Brot, Nudeln, Nocken und Pfannengerichte fettarme Idealpartner für eine sommerliche Liaison mit gartenfrischem Gemüse und Salaten.

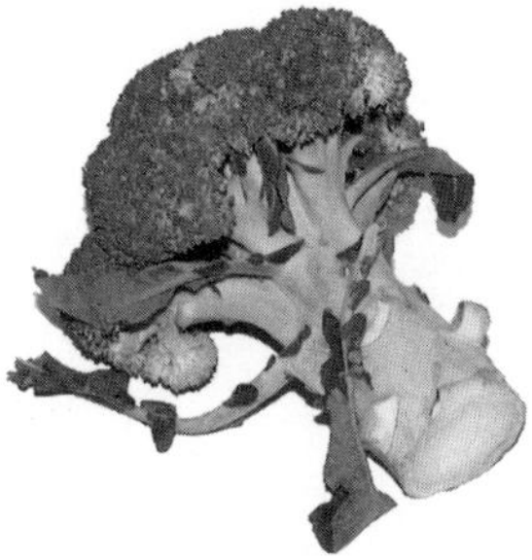

EWIGER KOHLDAMPF

Ein imposantes Beispiel gelungener Reinkarnation ist der Kohl. Kaum sind Varietäten wie Grünkohl, Blau- und-Weißkraut, Chinakohl, Rosenkohl und Kohlrüben von unserem jahreszeitlichen Speiseplan verschwunden, taucht der Kohl als Broccoli, Blumenkohl, Romanesco, Kohlrabi und so weiter schon wieder auf. Seit Jahrtausenden ist er in seinen unterschiedlichsten Formen ein treuer Wegbegleiter des Menschen, und seit Jahrtausenden liegt über den Küchen der Welt ein ewiger Kohldampf.

Weiße Blumenköpfe und Broccoli stehen ganz oben auf der Beliebtheitsskala. Und tatsächlich: Hier korreliert das Ernährungsverhalten wenigstens im Ansatz positiv mit den Erfordernissen einer gesunden Ernährung. Schließlich sind Kohlgenüsse im Grunde unentbehrlich. So beinhalten Blumenkohl und vor allem Broccoli außerordentlich hohe Vitamin C-Mengen und gelten als eines der gesündesten Gemüse überhaupt.

Broccoli ist seit Jahren der erfolgreichste Newcomer auf dem Markt, und Blumenkohl war schon immer ein Star in unserer Küche. Mit dem Aufschwung des Broccolis aber sinkt der Stern des Blumenkohls. Nicht ganz zu Unrecht. Schließlich ist der Broccoli dem Blumenkohl ernährungsphysiologisch überlegen, was auch sehr viel mit seinem Aussehen zu tun hat. Sein stattliches Grün schützt ihn vor der Manie der Menschen, manchen Pflanzen das Sonnenlicht zu stehlen. Denn um einen schönen, strahlend weißen Kohlkopf zu erhalten, knicken die Gärtner manchmal die Hüllblätter ein oder binden sie sogar über dem Kopf (des Blumenkohls) zusammen. Außerdem wachsen die heute üblichen Zuchtsorten mit nach innen gedrehten Herzblättern, die den Blütenstand abdunkeln.

Sich ins Gelbliche, Elfenbeinfarbige, Rötliche oder sogar Violette verfärbende Blumenkohle gelten als Fehlfarben. Sie haben zu viel Licht abbekommen, sind daher chlorophyllreicher, daher vitaminhaltiger, daher geschmacksintensiver, daher kurzum gesünder – aber unverkäuflich und daher Ausschuss. Wie man in der Fachliteratur liest, schätzen die deutsche Hausfrau, der Haus-mann und die Gastronomie nur wirklich weißen Kohl.

Für fehlfarbige Blumenköpfe sollten wir deshalb offener sein, genauso wie für grünen Blumenkohl (Sorte: „Grüner Quark"), Romanesco oder den italienischen „Purple Cape", eine ganz alte, violettfarbene Blumenkohlsorte, und experimentierfreudig unser Spektrum farbiger Kohlgenüsse erweitern. Nur nicht zu alt sollten wir ihn werden lassen und ihn so frisch wie möglich essen, da seine feinen Aromen dazu neigen, sich zu verwandeln, und zwar in durchaus üble Gerüche. Da sollten wir kein Risiko eingehen, besonders nicht, wenn wir Kinder zu tüchtigen Gemüseessern erziehen wollen.

Broccoli al dente

1 kg Broccoli, Olivenöl, Salz, 1-2 Knoblauchzehen, 1/2 Zitrone, Salz und Pfeffer

Broccoli am besten ganz lassen, nur wenn nötig in Stücke brechen oder schneiden. Den oder die Stiele mit dem Sparschäler abschälen.

In einem zugedeckten Topf in wenig Wasser (am besten mit Dünsteinsatz) bissfest garen. Das dauert in der Regel etwa 5 Minuten; ganz große Stauden ca. 10 Minuten dünsten.

Inzwischen Olivenöl in eine angewärmte Schale oder ein Pfännchen gießen. Salzen, frisch zerdrückten oder klein gehackten Knoblauch und Saft einer halben Zitrone (nach Geschmack mehr oder weniger) dazugeben.

Die Ölmischung mit dem Schneebesen leicht schaumig schlagen und dann bis zum Gebrauch warm halten. Broccoli bei Tisch salzen und pfeffern und mit dem Öl beträufeln.

Als Hauptspeise mit Stampfkartoffeln (Kartoffelbrei) servieren.

Dass man Broccolistiele essen kann, ist hoffentlich inzwischen allgemein bekannt. Also nur die wirklich holzigen Teile wegschneiden. Dicke Stiele schälen, dünne mit der Schale essen. Auch die kleinen Blätter und Blattstiele schmecken bestens und dürfen mit auf den Teller.

Linsensalat mit Blumenkohl und Broccoli

100 g Linsen, 1 Lorbeerblatt, ca. 500 g Broccoli, 1 kleiner Kopf Blumenkohl, 1 Zwiebel, eventuell 1 grüne Paprika, Salz, 1 Zitrone, 1-2 Knoblauchzehen, Olivenöl, Balsamico-Essig, Pfeffer

Linsen über Nacht einweichen. Zusammen mit dem Lorbeerblatt in ca. 20 Minuten weich dünsten.

Inzwischen Broccoli und Blumenkohl in Röschen zerteilen und ebenfalls mit wenig Wasser (am besten dämpfen) weich dünsten.

Zwiebel schälen und in ganz dünne Ringe hobeln. Paprika ebenfalls in ganz dünne Streifen schneiden.

Paprika und Zwiebel mischen, salzen und mit Zitronensaft beträufeln. Mindestens 1/4 Stunde beizen lassen.

Linsen abtropfen lassen und mit den zerquetschten Knoblauchzehen, Olivenöl, Balsamico, Salz und Pfeffer anmachen.

Dann die Paprika-Zwiebel-Mischung unterheben und den Linsensalat auf einer Platte anrichten. Blumenkohl- und Broccoliröschen auf den Linsen verteilen, das Ganze mit Zitronensaft und Öl beträufeln.

Wer will, kann dem Salat noch Thunfischstückchen beimengen. Mit Brot servieren.

Broccoli mit Orecchiette

500 g Broccoli, 1 Peperoni, 4–5 in Salz eingelegte Sardellen, 2–3 Knoblauchzehen, Olivenöl, fertig gegarte Orechiette aus ca. 300 g Gries (siehe Grundrezept Orecchiette) oder andere Nudeln oder Spätzle, Salz, Pfeffer

Teig für Orcchiette herstellen (siehe Nudelteig für Ravioli Seite 136).

Den Teig zu fingerdicken Würsten ausrollen und in etwa 5 mm dicke Scheiben schneiden.

Die Scheiben mit dem Daumen eindellen und kleine Schüsselchen daraus formen.
In kochendem Wasser bissfest gar kochen.

Broccoli in mundgerechte Stücke zerteilen und in wenig Wasser bissfest weich dünsten.

Inzwischen die Peperoni, die Sardellen und den Knoblauch klein hacken. In einer Pfanne Olivenöl erhitzen und das Kleingehackte kurz schmoren. Knoblauch nicht braun werden lassen!

Die Broccolistücke und die Nudeln noch heiß dazugeben, alles gut durchschwenken.

Mit Salz (vorsichtig wegen der gesalzenen Sardellen), Pfeffer und gegebenenfalls Olivenöl abschmecken.

Tipp: Schmeckt auch ohne Sardellen, und die Peperoni können, wenn es unbedingt sein muss, auch weggelassen werden.

GRUNDREZEPT

Roggenspätzle

200 g Roggenmehl (Type 997 oder fein gemahlenes Vollkornmehl, oder gemischt), 2 Eier, 1/2 Tasse Wasser, Salz

Aus Mehl, Eiern, Wasser und Salz einen zähen Teig rühren. Mindestens 1 Stunde stehen lassen.

Teig nochmals durchschlagen. Wasser aufkochen und den Teig portionsweise durch den Spätzlehobel drücken. Sobald die Spätzle im Wasser hochsteigen, mit der Schaumkelle herausfischen und in einer Reine mit einem Stich Butter warm halten.

Broccolicreme

400 g Broccoli, 1–2 Knoblauchzehen, nach Belieben 100 g Frisch- oder Blauschimmelkäse, Salz, Pfeffer, Zitronensaft

Broccoli in wenig Wasser dünsten und in Röschen zerteilen. Ohne Wasser im Mixer zusammen mit den Knoblauchzehen und dem Käse pürieren. Salzen, pfeffern und mit Zitronensaft abschmecken.

Als Aufstrich zum gerösteten Brot.

Gedünsteter Blumenkohl

1 Blumenkohl, Salz, Olivenöl, Zitrone

Vom Blumenkohl die äußeren groben Blätter und den harten Strunkteil wegputzen.

In einem ausreichend großen Topf den Blumenkohl im Stück mit wenig Wasser (am besten mit Dünsteinsatz) bissfest weich dünsten.

Blumenkohl auf einer Platte servieren und bei Tisch in Portionen schneiden. Salz, Olivenöl und Zitrone zum Beträufeln dazu reichen.

Auch hier gilt, dass vor allem die inneren Hüllblätter samt der Stiele klein geschnitten sehr gut schmecken und deshalb als wertvolle Grünmasse mitgegessen werden sollten.

Blumenkohl mit rotem Paprika und schwarzen Oliven

1 Blumenkohl, 1 rote Paprikaschote, etwa 70 g schwarze Oliven, 2–3 Blätter Minze, Salz, Pfeffer, Olivenöl, Zitrone oder Weißweinessig, nach Belieben 1 scharfe Peperoni

Blumenkohl wie oben dünsten und in Röschen zerteilen.

Paprikaschote in Streifen schneiden. Blumenkohl, Oliven und Paprika mischen.

Aus dem Blumenkohl-Kochwasser, gehackter Minze, Salz, Pfeffer, Öl und Zitrone (bzw. Essig) eine Marinade mischen und über das Gemüse geben.

Nach Belieben klein gehackte Peperoni darüber streuen.

Bunter Blumenkohlsalat

ca. 500 g Blumenkohlröschen und Hüllblätter, 200 g gekochte Kartoffeln (Salatware), 1 EL mittelscharfer Senf, Apfel- oder Weißweinessig, Zitronensaft, Salz, Pfeffer, gutes Oliven- oder Sonnenblumenöl, 1 Bund Radieschen, Lauchzwiebeln, Petersilie

Blumenkohl in wenig Wasser weich dünsten. Kartoffeln schälen, in Scheiben schneiden und mit dem Blumenkohl mischen.

In das heiße Blumenkohl-Kochwasser den Senf rühren, kräftig mit Essig, Zitronensaft, Salz und Pfeffer abschmecken.

Die heiße Marinade über das Kartoffel-Blumenkohl-Gemenge schütten und 1/4 bis 1/2 Stunde ziehen lassen.

Inzwischen Radieschen, Lauchzwiebeln und Petersilie klein hacken und vor dem Servieren unterheben.

Der bunte Blumenkohlsalat passt gut zu Getreidebratlingen oder Hackfleischgerichten.

Blumenkohl mit Nudeln und Semmelbröseln

200 g Penne, Hörnchen- oder andere Nudeln, 300 g Blumenkohl, 100 g Semmelbrösel, Öl, Salz, Pfeffer aus der Mühle

Nudeln und Blumenkohl getrennt bissfest weich kochen und in Röschen zerteilen. Die Semmelbrösel in Öl anrösten, bis sie goldgelb sind.

Nudeln und Blumenkohl vermischen und salzen. Auf 4 Teller verteilen und über die Portionen die Semmelbrösel streuen. Einen Schuss Olivenöl dazugeben. Noch etwas Pfeffer aus der Mühle darüber mahlen.

Blumenkohl mit Bulgur

3 Kartoffeln, 1 Blumenkohl, 300 g Bulgur, Olivenöl, Salz und Pfeffer, Petersilie, 1/2 bis 1 ganze grüne oder rote Paprikaschote, Zitrone oder Balsamico-Essig

Kartoffeln würfeln und in wenig Wasser (am besten mit Einsatz) zum Dünsten aufsetzen. Nach ca. 10 Minuten den in mundgerechte Stücke zerteilten Blumenkohl (auch die Blätter!) dazugeben und fertig dünsten.

In der Zwischenzeit den Bulgur in kochendem Wasser fertig garen (dauert ca. 10 Minuten) und abseihen.

Eine Reine mit ein paar Löffeln Olivenöl ausschwenken und darin die Kartoffeln, den Blumenkohl und den Bulgur mischen. Salzen und pfeffern.

Das Ganze im vorgeheizten Rohr warm halten, bis der Bulgur schön körnig ist. Zwischendrin umschaufeln.

In der Zwischenzeit die Petersilie klein hacken und die Paprikaschote in feine Streifen schneiden. Petersilie und Paprika vor dem Servieren untermischen und das Ganze mit Zitronensaft oder Balsamico abschmecken.

Blumenkohl mit Bandnudeln

400 g Bandnudeln (oder andere Nudeln), 1 mittelgroßer Blumenkohl, ca. 70 g Butter, Olivenöl, ca. 100 g Parmesan (oder anderer guter Hartkäse), Salz, Pfeffer

Nudeln bissfest weich kochen. Blumenkohl dünsten und die Röschen, die inneren Blätter und die Stängel grob zerteilen.

Butter-Öl-Gemisch in der Pfanne erhitzen und dann in eine gut vorgewärmte Schüssel geben. Die heißen Nudeln, den Käse und den Blumenkohl hineingeben und alles gut vermischen.

Über das Ganze ein wenig Kochwasser vom Blumenkohl schütten. Salzen und pfeffern.

Blumenkohl mit Nudeln aus dem Ofen

Zutaten wie oben, aber anstelle von Bandnudeln besser Hörnchen-Nudeln, Lumache, Rigatoni o.ä. Nudelformen verwenden.

Zubereitung wie oben. Das Ganze im Backrohr bei ca. 200 °C überbacken, bis die oberen Nudeln leicht gebräunt sind.

Curry-Blumenkohl mit Reis

150 g Reis (oder Gerste), 1 l Gemüsebrühe, 2 größere Blumenkohlköpfe, Butter, 1 bis 1 1/2 EL Curry, Salz, 1/4 l Schlagsahne, gehackte Petersilie

Reis oder Gerste waschen und in der Gemüsebrühe weich kochen. Blumenkohl in Röschen brechen und in der Suppe bissfest kochen (etwa 10 Minuten).

Inzwischen die Butter in der Pfanne erhitzen, den Curry schnell einrühren und mit der Sahne aufgießen. Dann ein wenig einkochen lassen und in die Brühe einrühren. Vorsicht mit der Brühe! Das Gericht sollte nicht zu suppig sein, sondern schön gelb und sämig die Kohlröschen umschließen.

Vor dem Servieren mit gehackter Petersilie (noch besser, aber leider nicht immer verfügbar: mit frischem gehackten Koriandergrün) bestreuen.

TOMATE: SOMMER VOLLER ROTER SOSSE

Der schönste Sommer besteht aus Spaghetti und Tomatensoße. Eine schöne, frische, rote Tomatensoße so richtig zum reinsetzen. Dazu gibt es einen strahlend blauen Himmel, ein laues Lüftchen und ein Glas Wein, und schön hört man das Meer rauschen. Sogar in Bayern.

Zwar leistet die Sonne hier nur halbe Arbeit, und ein Großteil unserer Tomaten erreicht deshalb weder die Süße noch die aromatische Tiefe der Früchte, die im Süden auf Feldern heiß wie Glutöfen wachsen. Aber trotzdem: die in der Hauptsaison geernteten bayrischen Pomodori landen oft geschmacklich ausgereifter in der Soße oder Salatschüssel als unsre roten Freunde aus Apulien oder Sizilien. Schließlich können sie unsere Gärtner hier im vollreifen Zustand vom Strauch ernten, während die anderen noch halb grün in der Kiste landen, um während des Transports nachzureifen. Tatsächlich entsteht aber erst in der letzten Reifephase am Strauch das richtige Säure-Zucker-Verhältnis. Künstlich nachgereiften Tomaten bleibt diese Phase letzter geschmacklicher Vollendung versagt. Allerdings trifft das nur für die Hauptsaison zu und auch nur dann, wenn's bei uns nicht wochenlang regnet. Aber dann sind die bayrischen Roten wirklich die besten in der Soße.

Frische Tomatensosse

6–8 Tomaten (am besten Eiertomaten), 1 Tasse Olivenöl, 2–3 Knoblauchzehen, nach Belieben frische oder getrocknete Kräuter wie wahlweise Basilikum, Petersilie, Rucola, Oregano, Rosmarin, oder eine Mischung nach eigenem Gusto, Salz, Pfeffer

Tomaten einschneiden und in kochendem Wasser kurz blanchieren. Schälen und klein würfeln. Wer sich die Arbeit machen will, kann den Saft auffangen und die unverdaulichen Kerne aussieben.

Die Tomatenwürfel mit ihrem Saft und dem Olivenöl, dem gehackten Knoblauch sowie den Kräutern vermischen und mit Salz und Pfeffer abschmecken.

Tipp: Sehr empfehlenswert ist die Tomatensoße mit Rucola, der klein geschnitten in der Soße mitgekocht wird.

Nudeln mit Tomatensosse

5–6 Tomaten, 500 g Spaghetti, Penne oder andere Nudeln, 2 Knoblauchzehen, Olivenöl, 1–2 EL getrocknetes Basilikum, Salz und Pfeffer, eventuell Parmesan oder anderer gut gereifter Hartkäse

Wasser zum Kochen bringen. Die Tomaten kreuzweise einschneiden und im sprudelnd kochenden Wasser kurz blanchieren und dann ein wenig abkühlen lassen. Nudeln ins Kochwasser schütten.

Während die Nudeln bissfest fertig garen, die Tomaten häuten, klein schneiden und zusammen mit dem klein gehackten Knoblauch in Olivenöl schmoren. Kräftig mit Basilikum würzen und mit Salz und Pfeffer abschmecken.

Zu den Nudeln servieren. Parmesan und Olivenöl zum Nachwürzen dazu reichen.

Apropos Parmesan oder anderer Käse: er kommt erheblich besser zur Wirkung, wenn erst die heißen Nudeln mit dem geriebenen Käse vermischt werden, ehe die Tomatensoße untergemengt wird. Schmeckt einfach besser.

Im Übrigen kann man diese Tomatensoße tausendfach variieren, mit Peperoncini, Zwiebeln, Hackfleisch, Thunfisch, Sahne u.s.w., und sogar mit Sauerkraut. Viel falsch machen kann man nicht. Wer weltoffen denkt und einen gesegneten Appetit hat, kann ruhig noch weiter ausprobieren. Empfehlenswert sind auf alle Fälle Oliven, Kapern und Sardellen, aber auch die Kombination mit Sellerie ist gar nicht ungewöhnlich, sondern in den klassischen Tomatensoßenländern ganz selbstverständlich.

Pan con tomate

4 Scheiben gutes, 1 Tag altes Weißbrot, 4–6 gut gereifte Tomaten, Olivenöl, Salz

Die Brotscheiben leicht rösten oder toasten.

Die Tomaten halbieren und die Brotscheiben damit einreiben, bis man nur noch die Tomatenhaut in der Hand hält. Mit Olivenöl gut beträufeln und salzen.

Pan con Tomate ist die spanische Version der italienischen Bruschetta, und man findet dieses berühmte Rezept im Pepe-Carvalho-Krimi „Carvalho und die tätowierte Leiche" von Manuel Vázquez Montalbán.

DIE GESUNDHEITSFEUERWEHR

Tomaten sind wie die Feuerwehr. Sie löschen den Durst, schützen, helfen und sind in den meisten Fällen rot. Rot färbt sie die Substanz Lycopin. Die gleiche Substanz schützt unsere Zellen auch vor den Sauerstoffradikalen. Mit großer Regelmäßigkeit wird seit Jahren in den verschiedensten wissenschaftlichen Studien festgestellt, dass der Verzehr von Tomaten vor allem das Risiko, an Krebs zu erkranken, deutlich senkt.

So teilte im letzten Jahr eine südamerikanische Forschergruppe mit, dass das Risiko von Kehlkopfkrebs bei der Personengruppe mit dem höchsten Gemüseverzehr gegenüber der Kontrollgruppe mit dem niedrigsten Verzehr um 58 % (bei rohem Gemüse sogar 71 %) zurückging. Die stärkste risikomindernde Wirkung hätten dabei Tomaten.

Andere Forscher ließen Patienten mit Prostatakrebs drei Wochen lang Nudeln mit Tomatensoße essen. Die Anzahl von DNS-Schäden in der Prostata war bei diesen Männern anschließend um 28 % und der Spiegel des für diese Krankheit charakteristischen Eiweißes PSA um 17,5 % geringer als bei der sich „normal" ernährenden Kontrollgruppe. Im Prostatagewebe fanden die Wissenschafter beträchtliche Mengen des Pfanzenstoffes Lycopin.

Im Übrigen wirken Tomaten blutdruck- und cholsterinregulierend, helfen bei der Verdauung, bringen die Galle in Fluss und beleben, machen munter, heiter und fröhlich. Das Lycopin verliert übrigens durch Erhitzen seine Wirkung nicht, sondern bleibt auch beim Einkochen und Eindosen erhalten. Durch die Hitzeeinwirkung werden nämlich die Zellwände gespalten, und der Farbstoff kann jetzt erst richtig frei werden. Deshalb ist in gekochtem Tomatenpüree sogar mehr Lycopin verfügbar als in rohen Früchten.

Die Tomate, ein rundum gesundes Gemüse also, und kombiniert mit vollwertigen Zutaten ein ideales Nahrungsmittel für Gesunde und Kranke. Bedauerlicherweise scheint sie aber auch beste Voraussetzungen für sonderbare Entwicklungen in der Wissenschaft und wunderliche Geschäftspraktiken zu bieten. Denn statt einfach Vollkornnudeln und Bio-Tomatensoße auf Krankenschein zu verordnen, muss die Tomate anscheinend erst wieder neu erfunden werden.

Nachdem dank wissenschaftlicher Anstrengungen aus der ursprünglichen, vitamin- und nährstoffreichen Vielfalt an Tomatensorten wässrige, strapazierfähige, nahezu viereckige und ansonsten fast wertlose Hochleistungssorten für die Produktion auf Steinwolle oder in Nährstofflösungen entstanden sind, forscht man heute daran, wie man aus Tomaten durch genetische Eingriffe wieder vitaminhaltige Früchte machen kann.

Geradezu Vitaminbomben sollen jetzt entstehen, Impfstoffe und essbare Medizin. Schon wieder ist von großen Durchbrüchen die Rede, die „bald Gewinn bringende Vermarktung" in Aussicht stellen sollen.

Tomatensosse mit Wurzelgemüse

6 Tomaten, 1/2 Sellerieknolle, 1 Gelbe Rübe, 1 kleine Pastinake, 1 Zwiebel, 3 Knoblauchzehen, 1 kleine scharfe Peperoni, Olivenöl, 1 Zweig Rosmarin, 1 Glas Wein, Salz und Pfeffer

Tomaten überbrühen, häuten und klein hacken. Das übrige Gemüse, die Knoblauchzehen und die Peperoni ebenfalls klein hacken.

Das Olivenöl erhitzen und erst das Wurzelgemüse anbräunen, dann Knoblauch, Peperoni und Rosmarinnadeln dazugeben. Mit Wein ablöschen.

Alles gut einkochen lassen und anschließend die Tomaten hinzufügen. Salzen und pfeffern. Falls nötig mit ein wenig Wasser verdünnen. Mindestens 20 Minuten köcheln lassen.

Als Soße zu Nudeln oder zum dicken Sugo eingekocht zu Käsenocken, Spinatknödeln, Gnocchi, Pfannkuchen oder Ähnlichem reichen.

Tomatensosse mit Pesto

6 Tomaten (oder Dose mit gehackten Tomaten), Olivenöl, 2-3 EL fertiges Pesto, Wasser, Salz, Pfeffer

Tomaten überbrühen, schälen, klein hacken und in Olivenöl andünsten. Pesto einrühren, ein wenig Wasser dazugeben, salzen und pfeffern und mindestens 15 Minuten auf kleiner Flamme schmurgeln lassen.

Tomatensosse tipica nach Tommaso di Ciaula

Wasser, große Mengen an Tomaten, viele Büschel Basilikum, Salz; außerdem: 1 großer Topf, Körbe, saubere Lumpen, Haschiermaschine (Fleischwolf geht auch), Tongefäße, viele leere Flaschen, Verschlüsse, Säcke, Benzinfass (leer)

Wasser in einem großen Topf erhitzen. Ganze Tomaten und Basilikum in das kochende Wasser werfen. So lange kochen, bis sich die Tomaten gehäutet haben.

Körbe mit Lumpen auslegen und die zerkochten Tomaten hineinschöpfen. Wasser ablaufen lassen und die abgetropften Tomaten durch die Haschiermaschine drehen. Soße in Tongefäßen sammeln, salzen und anschließend in Flaschen abfüllen. Am besten mit Kronkorken verschließen.

„Nun kommt das große Finale: Die vollen Flaschen werden vorsichtig in die (mit Wasser gefüllten; Anm. der Red.) Behälter gelegt, meist große ehemalige Benzinfässer. Man legt die Flaschen nebeneinander, breitet zwischen den einzelnen Schichten Säcke aus, sonst stoßen die Flaschen beim Aufkochen aneinander und gehen kaputt. Etwa zwanzig Minuten werden die Flaschen in dem Benzinfass erhitzt, dann lässt man die Flamme allmählich herunterbrennen; die Flaschen bleiben aber bis zum nächsten Tag im Wasserbad. Am nächsten Morgen ist die Soße fertig.“[1]

---

[1] Tommaso di Ciaula, *Das Bittere und das Süße*, aus: *Italienische Reise*, S. 28

GIORNI ROSSI – ROTE TAGE IN OBERBAYERN

Ohne Tomaten kein Auskommen. Eingekocht in Gläsern oder Dosen verlassen sie uns auch im Winter nicht, und der Nachschub aus Italien und Spanien funktioniert reibungslos und ist so billig, dass einem bei näherem Hinschauen vor lauter guten Tomaten ganz übel wird. Durch die unsinnige Subventionspolitik der EG versinkt der Süden in einem Sumpf von Tomaten, die schnell und in Massen billigst verkauft werden müssen. Ein Heer von Saisonarbeitern aus den ärmsten Ländern der Welt pflückt auf riesigen Plantagen im Akkord, oft genug für Hungerlöhne und illegal.

So können unsere Supermärkte natürlich tüchtig aus dem Vollen schöpfen und uns nahezu täglich mit Sonderangeboten in Zeitungsbeilagen und Postwurfsendungen die Briefkästen vollmüllen. Für wen sich der Begriff Qualität nicht nur auf den Produktzustand, sondern auch ein wenig auf die sozialen Umstände der Produktion erstreckt, der lässt diese billigen Roten links liegen. Er greift sich statt desse im Naturkostladen ein Glas oder eine Dose mit einem reellen Preis, am besten von einer Kooperative oder einem Ökoprojekt.

Alternative Erzeuger, die ökologische ebenso wie soziale Verantwortung ernst nehmen, gibt es schließlich immer noch, auch wenn ihnen das Überleben selbst in der Naturkostbranche durch billige Massenprodukte zunehmend schwerer gemacht wird. Oft sind es familieneigene, handwerklich arbeitende Betriebe oder Zusammenschlüsse, die eine Vielzahl an besten Tritorate und Polpe herstellen. Auch wenn die Produkte inzwischen gemäß EG-Standards sterilisiert, pasteurisiert und foliert sind, lebt in diesen Dosen und Gläsern doch der Geist und die Tradition der „Giorni rossi" fort. Der Schriftsteller Tommaso di Ciaula beschreibt die traditionelle Prozedur des Tomateneinmachens an den „roten Tagen" in seiner apulischen Heimat:

„Die Luft ist schwül, voll vom Duft der aufplatzenden Tomaten, vom Basilikum, vom verbrannten Holz. Die Straßen entlang rinnen Bäche roten Wassers".

Wer ein leeres Benzinfass hat und gerne ein bisschen zündelt, kann ja versuchen, diese traditionelle Tomatensoße nachzukochen (siehe gegenüberliegende Seite).

Tomatenmarinade

2 Tomaten, Salz, Pfeffer, Weißweinessig, Zitrone, Oliven- oder Sonnenblumenöl

Tomaten überbrühen, schälen und klein würfeln. Salzen, pfeffern und mit Weißweinessig, Zitronensaft und Öl zu einer Marinade abschmecken.

Passt zu Blattsalat, Paprika, Gurken, aber auch zum Krautsalat.

Gratinierte Tomaten

4 Tomaten (am besten Eiertomaten), 2–3 dicke Scheiben Weißbrot, Petersilie, Olivenöl, Salz, Pfeffer, getrockneter Oregano

Tomaten (Eiertomaten der Länge nach) halbieren und aushöhlen. Aushub klein hacken und durch ein Sieb drücken. Kerne in den Kompost.

Brot aushöhlen, die „Moin" (das Innere) zerzupfen und mit dem Tomatensaft, gehackter Petersilie und ein Paar Tropfen Olivenöl zu einem weichen Teig vermengen und mit Salz und Pfeffer abschmecken. Weißbrotrinde für eine spätere Verwendung als Semmelbrösel aufheben. Die ausgehöhlten Tomaten mit dem Teig füllen.

Eine feuerfesten Reine (oder Backblech) mit Öl ausstreichen und die Tomaten nebeneinander darauf auslegen. Im Backofen bei etwa 200 °C ca. 20 Minuten backen. Die heißen Tomaten mit Oregano bestreuen und mit Öl beträufeln.

Das Innere des Semmelwecken's wird im Bairischen als „Moin" bezeichnet. Ob es im norddeutschen Sprachgebrauch eine Entsprechung wie etwa „Molle" gibt, weiß ich nicht. Im Italienischen heißt es „mollica di pane" und dabei handelt es sich in der Regel um entrindetes Weißbrot. Die Verwendung der Moin von Vollkornsemmeln ist sicher nicht nur die gesündere Variante, sondern oft auch eine geschmackliche Verbesserung, da mit dem Schälen und Sichten des Getreides für Auszugsmehl natürlich auch reichlich Aromaträger verloren gehen. Selbstverständlich kann man auch Semmelbrösel verwenden; das schmeckt dann aber einfach anders, bröseliger, grießiger. Wer das lieber mag als die bayrische Moin, kann vernüftigerweise auch gleich feinen Weizen- oder Dinkelschrot verwenden. Den Schrot sollte man dann aber mindestens eine Stunde in der Tomatensoße einweichen.

Gefüllte Tomate

4 normal große, gut gereifte Tomaten, Salz und Pfeffer, 4 EL Reis, 1/2 Bund Basilikum, Olivenöl

Von den Tomaten die Deckel abschneiden und sie mit einem Kaffeelöffel aushöhlen.

Den Aushub mit dem Mixer pürieren, gut salzen und pfeffern, dann den Reis und klein gehacktes Basilikum darunter mischen. Das Ganze knapp 1 Stunde stehen lassen. Anschließend 4 EL Olivenöl in den Tomatenreis rühren.

Olivenöl in einem kleinen, verschließbaren Topf erhitzen. Die ausgehöhlten Tomaten reinsetzen und füllen. 1/4 Liter Wasser dazugeben. Deckel drauf und so lange bei milder Hitze köcheln lassen, bis der Reis gar ist (dauert etwa 1/2 Stunde). Zwischendrin die Flüssigkeit kontrollieren. Als Vorspeise servieren.

Die Tomaten nicht zu pingelig mit Reis einfüllen. Der Reis, der daneben gefallen ist, schmeckt am besten.

Tomatenrisotto mit Sellerie

300 g Vollkornreis, ca. 300 g Sellerie, Olivenöl, 6 frische Tomaten, Wasser oder Brühe, Salz, Pfeffer, 1 Bund Basilikum, Parmesan

Reis einweichen, ein paar Stunden stehen lassen. Sellerie grob raspeln und in Olivenöl kurz andünsten. Gut umrühren.

Die Tomaten überbrühen, häuten und klein hacken. Anschließend 1 bis 2 Gläser Wasser zu den Tomaten geben, salzen und pfeffern und einkochen lassen.

Jetzt den Reis, den Sellerie und das klein geschnittene Basilikum dazu, alles unter Rühren dünsten. Nur so viel Flüssigkeit hinzufügen, dass nichts anbrennt und der Reis bei kleiner Hitze köcheln kann.

Aufpassen: Immer wieder umrühren und Wasser oder Brühe nachgießen, bis der Reis fertig ist. Noch mal abschmecken und mit geriebenem Parmesan servieren.

Gebratener Tomatenreis

6 Tomaten, Olivenöl, 300 g Reis, Salz, ca. 1/2 l Wasser, Pfeffer, Petersilie

Tomaten einschneiden, in kochendem Wasser blanchieren, schälen und klein hacken. Inzwischen Öl erhitzen und den Reis unter Rühren ca. 2 bis 3 Minuten anbraten.

Tomaten mit Saft dazugeben. Salzen. Rühren und mit Wasser aufgießen. So lange leise köcheln lassen, bis der noch gut feuchte Reis gar ist.

Dann im Rohr bei ca. 200 °C trocken braten. Das dauert etwa 1/4 Stunde. Dazwischen den Reis zwei- oder dreimal durchschaufeln. Mit Salz und Pfeffer abschmecken und die gehackte Petersilie untermischen.

Schmeckt als Beilage zu gebratenem Gemüse, zu Fisch und zu Fleisch sowieso, oder als Hauptspeise mit einem Gemüse vermischt, wie zum Beispiel beim folgenden Gericht mit Fenchel.

Tomatenreis mit Fenchel

ca. 600 g Fenchel, Olivenöl, Salz und Pfeffer, fertig gebratener Tomatenreis wie oben, guter Hartkäse wie etwa Sbrinz, Parmesan o.ä.

Fenchel in Spalten schneiden und in Olivenöl bissfest weich braten. Salzen und pfeffern und unter den fertigen, heißen Tomatenreis mischen. Fenchelgrün klein hacken und über den Reis streuen. Geriebenen Käse dazu servieren.

Tomaten-Emmer mit Wurzelgemüse

400 g Emmer, 5-6 Tomaten, ca. 500 g Wurzelgemüse (wie Gelbe Rüben, Sellerie, Petersilienwurzel, Lauch oder Paprika, Olivenöl, Salz, Pfeffer

Emmer wie Tomatenreis zubereiten (siehe oben).

Gemüse in feine Streifen schneiden (Julienne) und in Olivenöl anbraten. Unter den gegarten Emmer mischen und wie oben beschrieben trockenbraten. Solo mit Käse reichen oder pur als Beilage.

Anstelle von Emmer, der als traditionelles Gericht „Farro“ in der nördlichen Toskana oft den Reis ersetzt, kann natürlich auch Dinkel, Weizen oder Gerste verwendet werden.

ERBSEN, BOHNEN, LINSEN

Die ganz Feinen sollte man nur mit wenig Wasser dünsten und mit einem Stich Butter oder ein bisschen Olivenöl servieren. Mit Salz und vielleicht ein paar Tropfen Zitrone. Finito. Zu den ganz Feinen gehören die „Haricots verts", die Keniaböhnchen, die Prinzess- und die Delikatessbohnen.

Nur Barbaren umwickeln diese delikaten Hülsen mit fetten Speckscheiben. Genauso wie die Zuckererbsen sollte man sie andächtig genießen und nicht lange damit herumkochen. Sie sind zu selten, zu rar und folglich zu teuer, um ein Beilagendasein zu fristen. Das können sich nur die ganz großen Köche leisten. Bei denen gibt's Flan von „Petits pois" zum Perlhuhn. Bei uns dagegen gibt's die feinen Legumi nur mit frischem Weißbrot.

Im übrigen halten wir uns im Sommer an Markerbsen, an grüne und gelbe Busch- oder Stangenbohnen und an frische Bohnenkerne von Wachtel- oder Feuerbohnen.

Frische Erbsensuppe

1 kleine Zwiebel, 1 Gelbe Rübe, 1 Zucchini, Butter, ca. 400 g ausgepulte Erbsen (entspricht etwa 1 kg Schoten, 3/4 l Gemüsebrühe oder Wasser, Salz, Pfeffer, 1 Semmel, 1 große Tomate, Sauerrahm oder Crème fraîche

Zwiebel, Gelbe Rübe und Zucchini klein würfeln und in Butter andünsten, bis die Zwiebelstückchen glasig sind.

Anschließend 200 g Erbsen dazugeben und mit Brühe oder Wasser aufgießen. Köcheln lassen, bis die Erbsen weich sind. Salzen, pfeffern und pürieren.

Restliche Erbsen mit wenig Wasser weich dünsten und mit dem Dünstwasser zur Suppe geben. Nochmals abschmecken.

Semmel würfeln und in Butter rösten.

Tomate überbrühen, schälen und klein würfeln und kurz vor dem Servieren zur Suppe geben.

Suppe auf vorgewärmte Teller verteilen, jeweils einen Klacks Sauerrahm darauf und mit den Semmelwürfeln bestreuen.

Bandnudeln mit Erbsen

400 g Bandnudeln, 400 g ausgepulte Erbsen, ca. 30 g Butter, 2-3 EL fein geriebener Parmesan, fein gehackte Petersilie, 3 EL Vollmilchquark, Salz und Pfeffer

Bandnudeln al dente kochen. In der Zwischenzeit die Erbsen in der Butter und mit wenig Wasser weich dünsten.

Die heißen Bandnudeln mit Parmesan und fein gehackter Petersilie mischen.

Den Quark mit den Erbsen und dem Dünstwasser vermengen, salzen und pfeffern und unter die Bandnudeln geben.

Übrigens, Zuckererbsen und feine Markerbsen sind die einzigen Hülsenfrüchte, die man auch roh vom Strauch essen kann. Alle anderen Leguminosen müssen gekocht werden.

Auch mit der in vielen südlichen Ländern praktizierten Gewohnheit, frische junge Ackerbohnen roh zum Käse zu essen, sollten wir vorsichtig sein. Die schmecken zwar exzellent nussig, aber leider wissen wir vor dem Genuss nicht, ob wir zu dem Kreis robuster Persönlichkeiten gehören, die sie auch wirklich roh vertragen.

Bohnen mit Knoblauch und Basilikum

ca. 800 g grüne Busch- oder Stangenbohnen, Olivenöl, 2-3 gehackte Knoblauchzehen, 1 Bund Basilikum, Salz und Pfeffer, nach Belieben 1 Tomate

Bohnen bissfest in kochendem Wasser blanchieren. Abgießen.

In der Pfanne Olivenöl, dann Knoblauch und klein geschnittenes Basilikum erhitzen und die Bohnen darin schwenken. Salzen und pfeffern.

Wer will, kann noch eine Tomate überbrühen, häuten, würfeln und zusammen mit den Bohnen im aromatisierten Öl schwenken.

Gebackene Bohnen

800 g junge grüne Bohnen, Olivenöl, Bohnenkraut, Salz, Pfeffer aus der Mühle

Bohnen mit Olivenöl im Bräter leicht anbraten. Mit reichlich Bohnenkraut würzen.

Die Bohnen im vorgeheizten Backrohr backen, bis sie leicht knackig sind. Zwischendurch immer wieder durchschaufeln.

Salzen und pfeffern. Passt gut zu Bratlingen.

Ligurischer Bohnenkuchen

600 g grüne oder gelbe Bohnen, 4 bis 5 vorwiegend fest kochende Kartoffeln, Milch, 150–200 g geriebener Bergkäse oder Emmentaler, etwa 250 g Vollmilchquark, 6 Eier, 1 Bund Bohnenkraut, Salz und Pfeffer, Butter, Semmelbrösel

Bohnen bissfest in wenig Wasser weich dünsten. Kartoffeln kochen und pürieren.

Dann die pürierten Kartoffeln mit Milch, Käse, Quark, verschlagenen Eiern, klein geschnittenem Bohnenkraut verrühren und mit Salz und Pfeffer abschmecken. Zuletzt die Bohnen in die Masse einarbeiten.

Eine Kuchenform mit Butter (oder Öl) ausstreichen und mit Semmelbröseln bestreuen. Jetzt die Masse einfüllen. Die Oberfläche ebenfalls mit Semmelbröseln bestreuen. Den Kuchen zudecken (geht auch mit Folie oder besser alten Salatblättern).

Den Kuchen etwa 20 Minuten bei 200 °C backen. Dann den Deckel abnehmen, Butterflöckchen auf dem Kuchen verteilen und ihn bei starker Hitze etwa 5 Minuten überbräunen. Am besten mit einer Soße aus frischen Tomaten servieren.

Bohnen alla carbonara

0,8 kg grüne Bohnen, 200 g fein gewürfelter Schinken (oder Wammerl), Butter, 2 Eigelb, 1/8 l Sahne, Petersilie, Pfeffer aus der Mühle

Bohnen bissfest in kochendem Wasser blanchieren, abgießen und in eine flache, feuerfeste Form schichten.

Schinken in Butter leicht anbraten und über die Bohnen verteilen. Eigelbe mit der Sahne verquirlen und diese Mischung über die Bohnen schütten.

Das Ganze bei schwacher Hitze im Rohr so lange backen, bis die Eigelb-Sahne-Mischung leicht anzieht.

Mit gehackter Petersilie und schwarzem Pfeffer aus der Mühle bestreuen.

Mit Salat servieren. Schmeckt auch ohne Schinken. Reis passt dazu, Kartoffeln auch.

Altdeutsche Schnibbelbohnensuppe

ca. 800 g Stangenbohnen, Bohnenkraut, Salz, Butter, 30 g Weizenvollkornmehl, Essig

Bohnen schräg schnibbeln, also klein schneiden und zusammen mit dem Bohnenkraut in 1 Liter gesalzenem Wasser weich kochen. Abgießen und Kochwasser auffangen.

Butter zerlassen und Mehl unter Rühren leicht bräunen. Unter ständigem Rühren, damit keine Klümpchen entstehen, das Kochwasser aufgießen.

Zuletzt die Bohnen wieder rein und kurz durchkochen. Salzen und pfeffern. Mit einem Schuß Essig abschmecken.

Eine jahreszeitliche Spezialität sind die frischen, reifen Bohnenkerne (siehe Rezept Seite 8). Nach etwa 10 Minuten Garzeit sind sie fertig. Aus 1 kg Schoten erhält man etwa 400 g Bohnen. Ganz anders verhält es sich mit den getrockneten. Hier gilt es vorzuplanen. Die Bohnen gut waschen und 12 Stunden (am besten über Nacht) einweichen. Im Einweichwasser bissfest weich kochen. Anschließend abschütten und das Kochwasser auffangen und eventuell später verwenden. In folgenden Rezepten gehen wir bei der Gewichtsangabe von getrockneten Bohnen aus.

Tomaten-Bohnen-Salat

ca. 250 g weiße Bohnen, 200 g Kirschtomaten oder 2–3 reife Tomaten, 1 rote Zwiebel, Olivenöl, Rotweinessig oder nach Belieben Balsamico, Salz, Pfeffer, 1 Bund Basilikum oder Petersilie

Bohnen zubereiten wie oben beschrieben. Abtropfen lassen.

Kirschtomaten halbieren (oder große in Stücke teilen) die Zwiebel in feine Halbringe schneiden und wieder zu den Bohnen geben.

Mit Öl, Essig, Salz und Pfeffer abschmecken. Basilikum (Petersilie) fein hacken und unter den Salat ziehen.

Kurze Nudeln mit roten Bohnen

ca. 250 g rote Bohnen, entweder 5–6 reife oder 400 g gehackte Tomaten (Dose/Glas), wahlweise Bohnenkraut oder Rosmarin, 2–3 Knoblauchzehen, Olivenöl, Salz, Pfeffer, 400 g kurze Nudeln wie Diltini, Lumache oder ganz einfache Hörnchen-Nudeln, nach Belieben Olio Santo (siehe Rezept Seite 119)

Bohnen zubereiten wie oben. Tomaten, schälen, hacken und in Öl kurz anschmoren.

Bohnenkraut (Rosmarin) und Bohnen mit so viel Kochwasser dazugeben, dass eine dicke Soße entsteht. Zerquetschten Knoblauch hinzufügen und alles mit Salz, Pfeffer und Olivenöl abschmecken.

Inzwischen die Nudeln al dente kochen, dann auf die Teller verteilen und die Bohnen-Tomaten-Soße darüber schöpfen.

Wer's scharf mag, kann sich noch Olio Santo darüber träufeln.

Gebackene Bohnen mit Auberginen

200 g rote Bohnen, 1 Aubergine, 6–8 kleinere Zwiebeln, Olivenöl, 1/2 Tasse Tomatensoße (eventuell Rest vom Vortag), 3 Knoblauchzehen, Rosmarin und Salbeiblätter nach Belieben, Salz, Pfeffer

Bohnen zubereiten wie oben. Auberginen würfeln, Zwiebeln vierteln und in Olivenöl anbraten, bis das Gemüse leicht Farbe angenommen hat.

Weich gekochte Bohnen, Tomatensoße, klein geschnittenen Knoblauch und die Kräuter dazumengen.

Salzen, pfeffern und eventuell noch einen Schuss Öl dazu, dann im Ofen ca. 20 Minuten bei 200 °C backen.

Mit Reis, Polenta, Nudeln oder auch nur Brot servieren.

DIE ALTEN, FIT UND KNOCHENTROCKEN

und gesund und am Aussterben. Es gibt bald keine Bohnen, keine Linsen, keine Erbsen mehr. Zumindest nicht bei uns. Noch nicht einmal Ware aus Italien und Südfrankreich gibt's, weil die teurer ist als die vom anderen Ende der Welt. Bei einem Streifzug durch Naturkostläden fand ich nur noch Ware aus China.

Dabei handelt es sich bei den Hülsenfrüchten um Nahrungsmittel mit großer Tradition und von unschätzbarem Wert für das Überleben. Durch Tausende von Wintern haben sie uns als absolute Notkonserve immer treu zur Seite gestanden und waren in Verbindung mit einem Stück Brot, einem Polentabrei oder abgeschmälzten Spätzle ein spitzenmäßiges Grundnahrungsmittel von idealer Nährstoffzusammensetzung.

Seit es aber ohne Ende Fleisch gibt, schätzen wir sie nach Gutsherrenart nur noch als Dosenfutter. Anders verhält es sich in Ländern, in denen traditionell weniger Fleisch gegessen wird als bei uns. So ist zum Beispiel in Italien der Fleischverzehr um etwa 35 bis 40 % niedriger. Dafür aber stehen die Hülsenfrüchte, als Lieferanten hochwertigen Eiweißes, hoch im Kurs. Während hierzulande Weißwurst- und Kesselfleischessen oder Ähnliches den Mittelpunkt von Fahnen- und Kirchweihen bilden, feiert man in südlichen Ländern oft den Tag des Hl. Joseph, den 19. März, im Freien auf der Piazza und kocht in großen Töpfen den „Maccu", einen Brei aus gekochten Bohnen.

IMPASTOIATA

300 g weiße Bohnen, 1/4 Sellerieknolle oder 2-3 Stiele, Stangensellerie, 4-5 große reife Tomaten, Olivenöl, 3 Zweige Rosmarin, 1 Lorbeerblatt, 3 Knoblauchzehen, Salz und Pfeffer, Polenta (siehe Grundrezept)

Bohnen waschen und über Nacht einweichen. Im Einweichwasser bissfest weich kochen. Anschließend abschütten und das Kochwasser auffangen.

Sellerie in mundgerechte Stücke schneiden. Tomaten überbrühen, schälen und würfeln.

Öl erhitzen und den Sellerie leicht anbräunen. Tomaten, Rosmarinnadeln und Lorbeer dazugeben. Alles kurz köcheln lassen, damit der Sellerie weich wird.

Bohnen und zerquetschten Knoblauch hinzufügen und mit nur so viel Bohnenwasser aufgießen, dass eine dicke Soße entsteht. Mit Salz, Pfeffer und Öl abschmecken.

Inzwischen die Polenta herstellen.

Auf flachen Tellern jeweils einen Schöpflöffel Polenta etwa fingerdick kreisförmig ausstreichen. Auf diesem Polenta-Teller die Bohnen-Tomaten-Soße anrichten.

Wer es besonders lecker will, kann am Schluss noch in Olivenöl frittierte Salbeiblätter darüber geben.

GRUNDREZEPT

POLENTA

300 g Maisgrieß, Salz, ca. 1,5 l Wasser,

Maisgrieß unter Rühren in das kochende Salzwasser einstreuen und bei wenig Hitze in etwa 1/2 Stunde zu einem weichen Brei kochen. Immer wieder umrühren

GEBACKENE BOHNEN CON CARNE

Zutaten wie oben. Außerdem ca. 200 g gewürfeltes Lamm-, Kalb- oder Schweinefleisch (aus Schulter oder Schlegel), 1 Glas Weißwein

Die Fleischwürfel in der Pfanne rundum gut anbraten. Dann unter das Gemüse mischen.

Weißwein dazu, ab ins Rohr und so lange backen, bis das Fleisch angenehm mürbe und die Flüssigkeit völlig verschwunden ist.

MIT DER IMPASTOIATA IN DIE ZUKUNFT

Die Impastoiata dürfte ein Essen mit Zukunft sein. Sie entspricht perfekt dem Idealbild einer guten Mahlzeit: die optimale Grundversorgung mit wertvollen Kohlenhydraten, mit allen wichtigen Eiweißen und mit Tomatensoße. Letztere birgt noch allerhand leckere Vitamine und jede Menge Lycopin, das unsere Zellen schützt. Dazu einen frischen Salat. Nicht einmal am Computer kann ein moderner Food-Designer Besseres entwerfen.

Man kann die Impastoiata natürlich unendlich variieren. Die Polenta nicht aus Mais, sondern aus Roggen, Emmer oder Dinkel herstellen, oder durch Spätzle, Kartoffelschmarrn (siehe Seite 178) oder Ähnliches ersetzen. Oder die Tomatensoße mit geschmortem Kraut oder gedünsteten Roten Rüben austauschen. Selbst wenn am Schluss keine Impastoiata mehr herauskommt, die Grundkombination Getreide-Hülsenfrüchte-Gemüse ist Grundlage einer gesunden Ernährung und einer gesunden Landwirtschaft.

Denn nicht nur das Essen, auch unsere Landwirtschaft werden wir über kurz oder lang konsequent nach dem Vorbild einer Impastoiata umstellen müssen. Genauso wie auf dem Teller der Zukunft müsste auch der Anbau der Hülsenfrüchte erhöht und die intensive Fleischproduktion, also der Anbau von Futtergetreide, stark zurückgefahren werden.

Dies hätte den Vorteil, dass der Anteil der Leguminosen in den Fruchtfolgen ansteigen würde und sich unsere Böden so auf natürliche Weise regenerieren könnten. Locker könnte so unsere Landwirtschaft nach dem Vorbild einer Impastoiata leistungsfähig genug werden, um auf ökologische Weise die Ernährung der Bevölkerung zu sichern. Schließlich ist zur Herstellung einer Mahlzeit ohne Fleisch, aber mit dem gleichen Nährwert in der Regel nur 1/10 der Energie notwendig, die für ein entsprechendes Fleischgericht erforderlich wäre.

Linsengerst

Roll- oder Nacktgerste, Linsen, Zwiebel, Öl, 1 Gelbe Rübe, 1/2 Sellerie, wenn vorhanden: 1 Paprikaschote, Kartoffel, Salz, Pfeffer, Thymian

Rollgerste zusammen mit den Linsen ca. 2 Stunden einweichen (Falls Nacktgerste verwendet wird, diese separat 6 Stunden einweichen und nach 4 Stunden die Linsen dazugeben).

Zwiebel klein hacken und in Öl glasig anbraten. Inzwischen das Gemüse klein hacken und zu den Zwiebeln geben. Kräftig anbraten.

Linsen und Gerste mit den Einweichwasser zum Gemüse geben. Salzen und pfeffern. Mit Thymian würzen und so lange köcheln lassen, bis Linsen und Gerste weich sind. Mit Öl beträufeln.

Wer will, kann sich auch ein Stückchen Geräuchertes dazu genehmigen.

Linsen mit Rosmarin

300 g Linsen, 2–3 Zweige frischer und 1 EL getrockneter Rosmarin, Salz und Pfeffer, Oliven- oder Sonnenblumenöl, ein paar Spritzer Balsamico

Linsen mit wenig Wasser weich kochen. Zum Schluss die Rosmarinnadeln noch etwa 10 Minuten mitkochen.

Salzen, pfeffern, mit Öl und Balsamico abschmecken. Warm oder kalt als Beilage, Vorspeise oder zum Buffet servieren.

LINSEN LESEN IM VORALPENLAND

Das Vorbild einer Impastoiata wählen wir, weil es sich um eine gesunde Mahlzeit mit Tradition und Zukunft handelt. Ähnlich zukunftsfähig ist der Erbseneintopf mit Brot oder das schwäbische Traditionsgericht Linsen mit Spätzle. Zwar findet man diese Gerichte mit Speck oder gar Saftwürsteln noch auf manchen Speisekarten der alpinen Hüttengastronomie, aber im Alltag spielen sie kaum eine Rolle.

Warum sich südlich der Alpen mehr gesunde Traditionsgerichte aus Getreide, Hülsenfrüchten und Gemüse in die heutige Kochkultur retten konnten als bei uns, hängt neben vielen anderen kulturellen und sozialen Gründen auch mit der rasanteren Entwicklung unserer Landwirtschaft zu einer industriellen Massenproduktion zusammen.

Die intensive Masttierhaltung erfordert leistungsstarke Getreidelieferanten und den massiven Zukauf von billigem Eiweiß, vor allem in Form von Soja, aus Übersee. Eine irrwitzige Subventionspolitik führte zum völligen Verfall der Weltmarktpreise, so dass nur immer größere Mengen und damit auch größere Strukturen mit Massentierhaltung rentabel blieben. Fleisch, Eier und Milchprodukte, billigst produziert, überschwemmten den Markt und wurden so in unseren Breiten zum wichtigsten Eiweißlieferanten. Kleinbäuerliche Betriebe hatten bei diesem Strukturwandel geringe Chancen, und mit ihnen ging auch die Vielfalt im Anbau der Kulturpflanzen verloren. Gesunde und traditionsreiche Gerichte aus den regionalen Küchen verschwanden von der Mittagstafel, noch ehe sie über die regionalen Grenzen hinaus bekannt werden konnten.

Dabei kocht man nördlich der Alpen schon seit der Steinzeit Erbsen, Linsen und Ackerbohnen, und selbst Kichererbsen wurden bis Anfang letzten Jahrhunderts bei uns in klimatisch begünstigten Gegenden angebaut. Eine bewährte Kombination war früher der Linsengerst. Dabei wurde schon das Saatgut von Linsen und Gerste (oder auch Roggen) gemischt, dann gemeinsam gedroschen, vermahlen, verbacken oder als Suppe gegessen.

Heute mischen wir uns die Zutaten für einen leckeren Linsengerst (siehe Rezept gegenüberliegende Seite) erst nach dem Anbau.

Pasta mit Linsen und Zucchini

100–150 g Linsen, 1 Lorbeerblatt, nach Belieben 1 Zweig Rosmarin, 400 g in Stücke gebrochene Maccheroni (oder Penne oder Ähnliches), 400 g Zucchini, Olivenöl, Butter, 1 Zweig Salbei, Salz, Pfeffer, Hartkäse

Linsen zubereiten wie im vorigen Rezept. Lorbeerblatt und Rosmarin ca. 10 Minuten mitkochen. Nudeln bissfest weichkochen. Zucchini in bleistiftdicke Stifte von etwa 4 cm Länge schneiden und in Olivenöl braten, bis sie leicht angebräunt sind.

1 EL Butter schmelzen und mit gehackten Salbeiblättern kurz aufschäumen lassen.

Die fertigen, heißen Linsen mit den heißen Nudeln und den Zucchini rasch mischen. Mit Salz und Pfeffer abschmecken.

Auf Teller verteilen, mit der heißen Salbeibutter beträufeln und den geriebenen Parmesan oder anderen Hartkäse dazu reichen.

Linsen in Tomaten

ca. 200 g am besten braune Linsen, 1 Zweig Rosmarin, 1 Zweig Salbei, 1–2 Knoblauchzehen, Salz und Pfeffer, Olivenöl, 8–12 Eiertomaten

Linsen weich kochen wie oben beschrieben. Etwa 10 Minuten vor Schluss die Rosmarinnadeln und grob zerpflückte Salbeiblätter dazugeben. Zerquetschten Knoblauch und 2 bis 3 Löffel Olivenöl dazu, salzen und pfeffern.

Die Tomaten in der Mitte durchschneiden und die Hälften aushöhlen. Fruchtfleisch zur Seite stellen (wer will kann die Kerne aussieben).

Die Tomaten innen salzen und ca. 5 Minuten ziehen lassen, dann mit den Linsen füllen.

Olivenöl in einer Reine erhitzen, das gehackte Fruchtfleisch dazugeben und die gefüllten Tomaten vorsichtig hineinlegen. Bei etwa 180 °C ca. 30 bis 40 Minuten im Rohr braten. Zwischendurch mit dem Fond beträufeln.

Als Vorspeise nur mit Brot reichen. Als Hauptgericht z.B. mit Salzkartoffeln servieren und den Fond mit gehackten Tomaten zur Soße strecken.

Tipp: Wer befürchtet, dass ihm zu viele Linsen beim Braten herauskullern, kann die gefüllten Tomaten mit einem zerpflückten Stück Salatblatt zustopfen. Salat vor dem Servieren entfernen, aber in der Soße mitessen.

Linsen mit Borretsch

400 g Linsen, 1-2 Knoblauchzehen, Peperoni, ca. 200g Borretschblätter, 3 Tomaten, Salz und Pfeffer, Olivenöl

Linsen mit wenig Wasser kochen. Nach ca. 10 Minuten den zerquetschten Knoblauch, die klein geschnittenen Peperoni (kann man auch weglassen) und die klein geschnittenen Borretschblätter dazugeben. Linsen fertig weich garen lassen.

Inzwischen die Tomaten heiß überbrühen, abschälen und würfeln. Die Tomatenwürfel zu den Linsen geben und alles mit Salz, Pfeffer und Öl abschmecken.

Mit gebratenen Polentascheiben servieren.

Was für's Auge: Die Linsen mit blauen Borretschblüten garnieren.

Linsen mit Einkornspätzle

400 g Linsen, 1 Gelbe Rübe, 1 Stückchen Sellerie, Olivenöl, Salz, Pfeffer, 1 Schuss Apfel- oder Weinessig, Petersilie, Einkornspätzle (siehe Grundrezept)

Linsen in wenig Wasser weich kochen. Gemüse klein hacken und in Olivenöl anbraten.

Die Linsen mitsamt dem Kochwasser dazugeben. Salzen und pfeffern, mit Essig abschmecken und kurz vor dem Servieren reichlich fein gehackte Petersilie darüber streuen. Zusammen mit den Spätzle servieren.

Schmeckt auch mit gedünsteten Kartoffeln oder Semmelknödeln.

GRUNDREZEPT

Einkornspätzle

pro Person: ca. 100 g fein gemahlenes Einkornmehl, ca. 100 bis 150 ml Wasser, Salz, Butter oder Butter-Öl-Mischung

Einkornmehl mit Wasser und Salz zu einem zähflüssigen Teig vermengen, ca. 15 Minuten quellen lassen.

Wasser zum Köcheln bringen und den Teig portionsweise durch den Spätzlehobel ins Wasser drücken.

Sobald die Spätzle im Wasser hochsteigen, mit der Schaumkelle herausfischen und unter fließendem lauwarmen Wasser kurz durchspülen.

In zerlaufener, nicht zu heißer Butter (oder Butter-Öl-Mischung) schwenken. Warm stellen bis alle Spätzle zubereitet sind.

Bei Linsen mit Spätzle handelt es sich um ein schwäbisches Traditionsgericht, das sich möglicherweise seit der Jungsteinzeit nahezu unverändert erhalten hat. Seither werden nämlich Linsen bei uns angebaut. Auch der Einkornbrei wurde damals gerne und viel gegessen, und die Mutation vom Breibrösel zum Spätzle hat vermutlich nicht lange auf sich warten lassen. Zumal die Herstellung von Spätzle aus Einkornmehl keine weitere Zutat als Wasser verlangt. Denn aufgrund seines hohen Eiweißgehaltes können wir sogar auf die sonst üblichen Eier verzichten und erhalten trotzdem braune Spätzle.

DER VOLLWERT-BAYER

Ich vermute die Wurzeln des Vegetarismus in der Küche meiner Heimat. Allerdings tief vergraben und verschüttet unter Bergen von Weißwürsten, Regensburgern, Geselchtem und Schweinshaxen. Und obwohl das Schweinerne sich nach den Not- und Nachkriegsjahren in den bayrischen Küchen geradezu explosionsartig vermehrte – noch vor ein paar Jahren aß jeder von uns im Jahresschnitt eineinhalb Mastsäue – gibt es alte Gerichte, die den meisterhaften Umgang unserer Vorfahren mit der fleischlosen oder fleichreduzierten Küche belegen.

Da gibt es etwa den Essigknödel, den Bierradi oder Schwammerl mit Knödeln usw. Des Weiteren finden wir jede Menge Mehlspeisen, die mit Schweineschmalz ausgebacken zwar nicht unbedingt als vegetarisch zu bezeichnen sind, aber früher nicht nur mit Zucker bestreut und zuckriger Marmelade gefüllt verzehrt wurden, sondern auch zum Sauerkraut oder Apfelmus.

Vor allem aber gibt es eine bayrische Tradition der Vollwertküche, die unverdientermaßen in Vergessenheit geraten ist, nachdem der wachsende Wohlstand sich zunehmend im Schweinernen ausdrückte. Obwohl es sich bei diesem Gericht gar nicht so sehr um ein typisches Essen der armen Leute handelte – es wurde gerne mit Unmengen von teurem Butterschmalz zubereitet – rettete es sich nicht in die Neuzeit der bayrischen Haushalts- und Kochbücher, in die Welt des „Ich koche für Dich".

Die Rede ist vom Grieß, im Bairischen „Griaß" genannt, der eigentlich kein Grieß ist, sondern grob gebrochener Weizen oder Roggen; Zubereitet wurde das Gericht im Backrohr des Küchenherdes, wo es in der langsam ausklingenden Wärme des erloschenen Feuers bedächtig vor sich hin quellen konnte. Zu diesem Zweck wurde das Getreide in eine Reine geschüttet und mit Wasser übergossen. Mit dem ersten Feuer des kommenden Tages wurde der Griaß dann erhitzt und trocken, d. h. zu einem „Batz" (Brei) gebraten. Zum Essen wurde das Ganze mit heißem Butterschmalz übergossen, gesalzen und unter gelegentlichem Zerstoßen ein weiteres Mal durchgebacken. Eine ideale, schonende Art der Zubereitung, um das Getreide optimal aufzuschließen. Zum Griaß oder Bruch gab es in der Regel sogar noch „gestöckelte", also saure, dickgelegte Milch, was eine ausgeklügelte Nahrungskombination ergibt.

Roggenbruch mit geschmorten Gurken

250 g Roggen, etwa 0,6 l Wasser, Öl und Butter, 1 Gärtnergurke (300–400 g), 2 Knoblauchzehen, Salz, Pfeffer, 100 g Quark, 1 Bund Dill

Roggen sehr grob schroten und über Nacht einweichen.

Den Roggen in einer Butter-Öl-Mischung unter beständigem Umschaufeln so lange trocken braten, bis er eine formbare, leicht bröckelige Konsistenz erreicht.

Die Gurke schälen, klein würfeln und zusammen mit dem gehackten Knoblauch in Öl oder Butter bissfest weich schmoren. Roggen darüber zerbröckeln und gut durchbraten. Salzen und pfeffern.

Auf die Teller verteilen und mit einem Klacks Quark und Dill bestreuen. Mit Salat oder geschmortem Gemüse servieren.

Roggene Mehlknödel

400 g Roggenmehl, Salz, Gemüsebrühe oder wie im Original Fleischsuppe aus gekochtem Geräucherten

Mehl in eine Schüssel schütten und salzen. Die kochend heiße Suppe schöpflöffelweise dazugeben und das Mehl gleichzeitig mit der Hand durcharbeiten.

Nicht zu sehr kneten, eher bröseln, damit noch Bröckchen im Teig bleiben. Nur so viel Brühe bzw. Suppe zugeben, dass der Mehlteig zu festen Knödeln geformt werden kann.

Die Knödel in der köchelnden Gemüsebrühe oder Selchfleischsuppe so lange ziehen lassen, bis sie sich umdrehen.

Am gesündesten mit wenig klein geschnittenem Geräucherten im Gemüse-Eintopf servieren.

Gefüllte Gurken mit Roggenschrot

150 g Roggen (oder anderes Getreide), 1/3 l Wasser, Butter, Öl, 4 kleinere Gärtnergurken oder 2 Schlangengurken, 70 g Frischkäse, 1 EL mittelscharfer Senf, 2 Eier, wenn vorhanden 1 Bund Borretschblätter, Salz, Pfeffer, Wasser oder Brühe, eventuell 1 Glas Wein, nach Belieben Tomaten oder Tomatensoße

Getreide grob schroten und über Nacht einweichen. In einer Butter-Öl-Mischung unter Schaufeln so lange trockenbraten, bis ein formbarer Teig entsteht. Ein wenig abkühlen lassen.

Von den Gurken der Länge nach im Abstand von ca. 1 cm Streifen abschälen. Die Gurken längs halbieren und mit einem Löffel so weit auskratzen, dass noch eine fingerdicke Wandstärke stehen bleibt. Kerne, falls sie schon sehr groß sind, aussortieren. Junge, kleine Kerne mitessen. Gurken-Inneres klein hacken.

Das Getreide mit dem Gurken-Inneren, Frischkäse, Senf, den Eiern und den gehackten Borretschblättern mischen und mit Salz und Pfeffer abschmecken. Als Füllung in die ausgehöhlten Gurken häufeln.

Öl in eine Bratreine geben und die Gurken hineinsetzen. Mit einem Glas Wasser oder Brühe so viel aufgießen, dass die Gurken einigermaßen bedeckt sind. Wer will, kann auch ein Glas Wein hineinkippen und die Schmorflüssigkeit mit gehackten Tomaten oder einem Rest Tomatensoße verfeinern. Bei milder Hitze im Rohr ca. 30 Minuten braten.

Warm mit Kartoffelbrei servieren, schmeckt aber kalt (Zimmertemperatur!) fast besser.

ROGGENBANDNUDELN MIT HANF

4–5 EL Hanfsamen, Petersilie, Knoblauch nach Belieben, Hanföl, Salz, Pfeffer, fertig zubereitete Bandnudeln (siehe Grundrezept)

Hanfsamen trocken in der Pfanne leicht lösten. Abkühlen lassen und mit gehackter Petersilie (eventuell fein gehacktem Knoblauch) und Hanföl mischen. Salzen und Pfeffern. Mit den Nudeln vermischen.

GRUNDREZEPT

ROGGENBANDNUDELN

pro Person 50 g Roggenmehl (Mehltype 997) und 50 g Weizenmehl (Mehltype 1050 oder fein gemahlenes Vollkornmehl), Salz, 1 Ei, Wasser

Mehle mischen, salzen und Ei unterarbeiten und so lange kneten, bis ein elastischer, formbarer Teig entstanden ist. Eventuell noch ganz wenig Wasser (Vorsicht!) einarbeiten.

Teig mindestens 1 Stunde ruhen lassen, erneut durchkneten und anschließend auf einer bemehlten Fläche ausrollen.

Mit dem Lineal ca. 1 cm breite Bandnudeln ausschneiden. In siedendem Salzwasser al dente kochen und sofort abschütten.

Alternative: reine Hartweizen- oder Dinkelnudeln.

ROGGENSPÄTZLE MIT SOMMERGEMÜSE

verschiedene Gemüse, wie z.B. 1 kleine Aubergine, 1 Gelbe Rübe, 1 Zucchini, 1 Sellerieknolle, 1 Fenchelknolle, Olivenöl, 1–2 Lorbeerblätter, 2 Knoblauchzehen, 10–12 Salbeiblätter, 2 Tomaten (am besten Eiertomaten), Salz, Pfeffer nach Belieben, 200 g fertige Roggenspätzle, 1–2 ganz fein gehackte rote Chilischoten, Parmesan oder anderer geriebener Hartkäse

Gemüse klein würfeln und der Reihe nach unter Rühren in Olivenöl braten: erst die Aubergine und die Gelbe Rübe, nach ca. 5 Minuten die Zucchini-, Sellerie- und Fenchelwürfel dazugeben.

Lorbeerblätter, klein gehackten Knoblauch und klein geschnittenen Salbei hinzufügen. Am Schluss die Tomatenwürfel nur noch kurz mitschmoren. Salzen und pfeffern.

Heiße Roggenspätzle unter das Gemüse heben. Fein gehackte Chilischoten darüber streuen. Mit Käse servieren.

Grundrezept Roggenspätzle, siehe Seite 24.

ROGGENSPÄTZLE MIT GERAFFELTEN GURKEN UND RETTICH

1/2 Schlangengurke oder 1 Landgurke, 1/2 Rettich, Salz und Pfeffer, 1–2 Knoblauchzehen, Öl, 1/2 Becher Sauerrahm, 200 g fertige Roggenspätzle (am besten Rest vom Vortag), nach Belieben 1 Zweig Rosmarin

Gurke und Rettich grob raffeln. Mit Salz, Pfeffer, zerdrücktem Knoblauch, einem Schuss Öl und Sauerrahm anmachen.

Die kalten, fertigen Roggenspätzle unterheben. Eventuell gehackten Rosmarin darüber streuen. Als Vorspeise servieren.

ROHLING GURKE

Gurken isst man am besten roh. Als pure Rohkost mit ein paar Tropfen Öl oder Salat. Geschmorte und gebratene Gurken helfen über die jährlich wiederkehrende Gurkenschwemme hinweg.

Im Schöpfungsplan der Natur sind Gurken vor allem als kühle, fruchtige Erfrischung für hitzegeplagte Kreaturen vorgesehen und weniger als Nahrungsmittel.

Mit 8 kcal auf 100 g Frischsubstanz rangieren sie als Brennstofflieferant an allerletzter Stelle. Dessen ungeachtet strotzen sie vor Mineralstoffen, Kohlenhydraten, Eiweiß sowie den Vitaminen A, B und C und gelten daher als eines der gesündesten Lebensmittel überhaupt. Sie sind wassertreibend, harnsäurelösend und weisen von allen Gemüsen den höchsten Basenüberschuss auf. Auch für eine diätetische Ernährungsweise sind sie geeignet und enthalten zudem ein dem Insulin ähnliches Ferment.

Ideal sind Gurken natürlich auch für die Schönen und Körperbewussten. Ohne dick zu werden kann man jede Menge davon verputzen, und wenn sich die Haut vor lauter Abnehmen in Falten wirft, kann man die restlichen Gurkenscheiben noch als Faltenglätter auflegen.

Um es kurz zu machen: Gurken, das heißt kaum Kalorien, aber viel Gesundheit. Wie geschaffen für den Sommer. Im Winter dagegen, wenn der Organismus Stoff braucht, haben Gurken eigentlich nichts zu suchen. Gurke nur dann schälen, wenn die Haut wirklich zu zäh zum Beißen ist, denn viel von ihrem Nährstoffreichtum sitzt in der Schale. Erst kurz vor dem Essen salzen und das austretende Wasser auf alle Fälle mit verspeisen. Und nur ja nicht im Geschirrtuch auswringen, wie es früher bei den bitteren Sorten gemacht wurde,

Von einem Mitarbeiter, der in Indien unterwegs war, haben wir übrigens eine Methode erlernt, wie man sehr bittere Gurken, die in Ländern mit vernünftigen Nahrungsgewohnheiten immer noch gerne gegessen werden, zu einer durchaus verträglichen Gaumenfreude neutralisiert: die sehr bitteren Enden werden abgeschnitten und die Schnittflächen aneinander gerieben. Wer wissen will, warum das funktioniert, muss sich hier mit der populärwissenschaftlichen, aber deshalb nicht weniger falschen Begründung zufrieden geben, dass die Folgen von körperlicher Reibung durchaus angenehm sein können. So ist halt die Chemie des Lebens.

Gurkensalat mit Tiroler Pressknödeln

300 g feinblättrig geschnittenes Knödelbrot, 1/4 l Milch, 200 g gekochte und zerdrückte Kartoffeln, 130 g geriebener, klein gewürfelter Bergkäse (oder, wenn vorhanden, Tiroler Graukäse), 2 Eier, 1/2 Bund fein gehackte Petersilie, 1 TL Kümmel, Salz, Pfeffer, Öl oder Butter, 4–5 Lorbeerblätter, 2–3 Gärtnergurken oder 1 große Schlangengurke, Apfel- oder Weißweinessig, eventuell 2–3 EL Sauerrahm

Knödelbrot mit heißer Milch übergießen. Ein wenig abkühlen lassen. Mit Kartoffeln, Käse, verschlagenen Eiern, Petersilie und Kümmel vermengen. Salzen und pfeffern.

Knödel formen, Öl (Butter) in der Pfanne erhitzen, die Knödel hineinsetzen und mit dem Wender flachdrücken. Bei milder Hitze beidseitig braten, bis die gepressten Knödel schön braun sind.

In der Zwischenzeit Wasser mit Lorbeerblättern zum Köcheln bringen und Pressknödel direkt aus der Pfanne ins Wasser geben. Ca. 8 Minuten leicht sieden lassen.

Gurken in Scheiben hobeln, salzen, pfeffern und mit Essig und Öl anmachen. Wer's rahmig will, kann den Gurkensalat mit 2 oder 3 Löffeln Sauerrahm abschmecken.

Pressknödel mit Gurkensalat servieren.

Türkischer Gurkensalat

1 kleiner Kopf Salat (Romana oder Batavia), 2 Gärtnergurken, 2 reife Tomaten oder 150 g Cherrytomaten, 2 gelbe Spitzpaprika, 1 Zwiebel, 1/2 Bund Petersilie, wenn möglich Borretschblätter und -blüten, 1 Zitrone, ca. 3 EL Olivenöl, Salz, Pfeffer, eventuell Schafskäse

Den Salat waschen, zerzupfen und auf einer großen Platte auslegen.

Gurken mit der Schale in Würfel schneiden, Tomaten achteln (Cherrytomaten halbieren), Spitzpaprika und Zwiebel in Ringe schneiden, Petersilie und Borretschblätter grob hacken.

Alles unter den Salat mischen und diesen mit dem Saft der Zitrone, dem Olivenöl, Salz und Pfeffer abschmecken.

Wenn vorhanden, das Ganze mit Borretschblüten dekorieren. Brot dazu reichen. Wer will, kann noch Schafskäse darunter mischen oder separat dazu reichen. Thunfisch oder Ölsardinen passen auch gut dazu.

GURKEN-KARTOFFELSALAT

Zutaten für den Kartoffelsalat siehe *einfach buono!* Seite 67, dazu 1 Schlangengurke oder 2 Gärtnergurken, nach Belieben 1 Becher Joghurt oder Sauerrahm

Kartoffelsalat herstellen wie beschrieben.

Schlangengurke mit der Schale (Gärtnergurken je nach individuellem Beiß- und Mahlvermögen vielleicht besser schälen) in Scheiben hobeln. Leicht salzen, kurz ziehen lassen und unter den Kartoffelsalat mischen.

Nach Belieben mit Joghurt oder Sauerrahm verfeinern und nochmals abschmecken. Passt gut zu Wiener Schnitzel oder zu Getreidebratlingen.

GURKEN-RELISH

1 Salatgurke, 1 grüne Paprikaschote, 3 Knoblauchzehen, 1 Zwiebel, Olivenöl, Salz, Pfeffer, 1/2 Tasse Weißweinessig, ca. 1/2 TL Korianderkörner, 1/2 TL Senfkörner

Gurke und Paprikaschote würfeln. Knoblauch feinblättrig aufschneiden.

Zwiebel und Knoblauch in Olivenöl glasig braten, dann das restliche Gemüse dazugeben und mit Salz, Pfeffer und Essig abschmecken. Koriander und Senfkörner dazugeben.

Alles auf kleiner Flamme nur so lange köcheln lassen, dass das Gemüse nicht zerfällt (ca. 8 bis 10 Minuten).

Das Ganze heiß in ein Glas abfüllen, Deckel zuschrauben und mindestens 1/2 Tag stehen lassen.

Schmeckt zu Bratlingen, Fingernudeln u.ä. und als Mitbringsel fürs kalte Buffet.

DIE ZERSTOSSENEN: PESTI UND ANDERE GEQUETSCHTE

Cacik oder Tsatziki, diverse Pesti, Kräuteröle, Ayvar, Mousse und Pasten aus Gemüse und Saaten... Eine ungeheure Vielfalt an Soßen, Tunken und kleinen Speisen bereichert heute ganz selbstverständlich unsere Tafel.

Ein großer Teil davon kommt aus der Dose, aber in vielen Haushalten auch aus eigener Herstellung oder aus den selbst eingemachten Gläsern. Ein kurzer Blick in unsere Ernährungsgeschichte zeigt, dass (bis auf den Würstelsenf) diese Vielfalt an ergänzenden Genüssen fast ausschließlich den Einflüssen anderer Kulturen zu verdanken ist. Noch in meiner Kindheit war Pesto ein Fremdwort und Tsatziki genauso unvorstellbar wie unaussprechlich. Vom Zusammenleben mit unsren türkischen, italienischen und griechischen Mitbürgern hat unsere Ernährung also in vielerlei Hinsicht profitiert.

Tzatziki

ca. 400 ml Joghurt, 1–2 EL Olivenöl, 2–3 Knoblauchzehen, 1 Gärtnergurke, Salz, Pfeffer, 1 Zweig Minze

Den Joghurt mit dem Öl in einer Schüssel verrühren. Knoblauchzehen zerquetschen und dazugeben.

Gurke nach Belieben geschält oder ungeschält grob raffeln und zusammen mit den fein gehackten Minzeblättern unter den Joghurt mischen. Salzen und pfeffern.

Passt zu Brot, Bratkartoffeln, Reis- und Gemüsegerichten.

Vergleiche dazu auch Cacik in *einfach buono!,* Seite 171

Ajwar

500 g rote Paprikaschoten, Olivenöl, 2–3 Knoblauchzehen, Salz, frisch grob gemahlener Pfeffer, 1/2 Zitrone

Paprikaschoten putzen und in Stücke schneiden.

Auf einem geölten Backblech bei ca. 200 °C gut 20 Minuten braten. Zwischendurch wenden. Abkühlen lassen und fein hacken (nicht zu Püree mixen!).

Mit Salz, Pfeffer, klein gehackter Knoblauch und Zitronensaft abschmecken. Reichlich Olivenöl untermischen.

Mit Brot zu Frischkäse servieren. Passt auch zu Kartoffeln, gebratenem Fleisch und Getreidebratlingen.

Und jetzt der ligurische Klassiker:

Basilikumpesto

200 g Basilikum, ca. 50 g Pinien- oder Sonnenblumenkerne, ca. 70 g geriebener Parmesan oder anderer Hartkäse, ca. 50 g Knoblauch, Olivenöl, Salz, Pfeffer

Basilikumblätter von den Stängeln zupfen. Am besten nur die Blätter verwenden.

Pinien- oder Sonnenblumenkerne leicht anrösten. Nicht braun werden lassen.

Sämtliche Zutaten mit etwa 100 ml Olivenöl im Mixer pürieren (oder besser traditionell im Mörser zerstoßen). Dabei nach und nach noch so viel Öl zufügen, dass eine dicke, streichfähige Soße entsteht. Mit Salz und Pfeffer abschmecken.

Schmeckt gut zu Spaghetti, Gnocchi, aber auch hervorragend zu Bratkartoffeln oder gerösteten Semmelknödeln. Passt gut zu Fleisch und Fisch und als Würze in die Gemüsesuppe.

Tipp: Pesto auf geröstete (getoastete) Brotscheiben verstreichen und die Brote mit frischen, gehackten Tomaten belegen. Sofort servieren.

KRÄUTERPESTO

ca. 2 Bund Kräuter nach Belieben, wie z. B. frischer Koriander oder frische Petersilie, oder gemischte mediterrane Kräuter wie Thymian, Rosmarin, Majoran usw., ca. 50 g Sonnenblumenkerne, 1-2 Knoblauchzehen, 60 g geriebener Hartkäse, Olivenöl, Salz

Zubereitung wie Basilikumpesto.

PESTO AUSTRIACO

50 g Kürbiskerne, 1-2 fein gehackte getrocknete Tomaten, 2 EL Parmesan, Knoblauch nach Belieben, Kürbiskernöl, Salz, Pfeffer

Kürbiskerne trocken in der Pfanne rösten und anschließend fein hacken (praktischer als von Hand geht's mit einer Küchenmaschine).

Die Kerne mit den Tomaten, dem Parmesan, eventuell Knoblauch und dem Kürbiskernöl mischen. Mit Salz und Pfeffer abschmecken.

Passt zu Frischkäse, aber auch zu hausgemachten Nudeln.

PESTO ROSSO

100 g getrocknete Tomaten, Essig, 80 g Sonnenblumenkerne, 2-3 frische oder getrocknete rote Chilischoten, 3-4 Knoblauchzehen, 5-6 EL dicker Tomatensugo (dick eingekochter Rest Tomatensoße) oder 80 g Tomatenmark, Olivenöl, Salz, nach Belieben ca. 50 g geriebener Hartkäse wie Parmesan o.ä.

Getrocknete Tomaten in einer Mischung aus 2/3 Wasser und 1/3 Essig mindestens 1/2 Stunde einweichen. Inzwischen die Sonnenblumenkerne trocken in der Pfanne anrösten.

Tomaten gut abtropfen lassen und klein schneiden. Zusammen mit den Sonnenblumenkernen, den klein geschnittenen Chilis und den Knoblauchzehen im Mixer klein hacken.

Anschließend den Sugo oder das Mark einrühren und so viel Olivenöl dazugeben, dass eine dickflüssige Paste entsteht.

Vorsichtig salzen, da die getrockneten Tomaten oft sehr salzig sind. Nach Belieben noch Käse einrühren.

Übrigens: gut mit Öl übergossen, versiegelt und verschlossen kann man die Pesti wochenlang im Kühlschrank aufbewahren.

Scharfe Composta rossa

400 g rote Paprika, je nach gewünschter Schärfe 3-6 rote, scharfe Chilis, 125 g Mascobado-Vollrohrzucker

Paprika und Chilis fein hacken. Den Zucker dazugeben und langsam alles zum Kochen bringen, bis die Paprika weich und zu einer Konfitüre eingekocht sind. Heiß in Gläser füllen. Hält im Kühlschrank einige Wochen.

Eignet sich hervorragend zu Käse (Frischkäse, Camembert, Schnittkäse), zu Gemüse- und Getreidepflanzerln oder auch zu Fleisch.

Konfit di zucca

1 kg gewürfeltes Kürbisfleisch (Butternut, Hokkaido), 300 g Rohrzucker, ca. 5 g frischer Ingwer (Knolle), Saft von 1 Zitrone

Kürbis nach Belieben schälen, in kleine Stücke schneiden und zusammen mit dem Zucker langsam zum Kochen bringen.

Den fein geschnittenen Ingwer und den Zitronensaft dazugeben und das Ganze kochen, bis der Kürbis weich ist.

Alles mit dem Kartoffelstampfer zerdrücken oder im Mixer pürieren und dann die Masse in heiß gespülte Gläser füllen.

Passt auf's Butterbrot oder wie vorher zu Käse, Gemüse- und Getreidepflanzerln.

Salsa agrodolce (Süsssaure Sosse)

200 g getrocknete Aprikosen, 1/2 EL Zucker, 50 ml Apfelessig, 1 EL Olivenöl, Salz

Aprikosen ca. 2 Stunden einweichen. Dann mit wenig Wasser und dem Zucker etwa 1/2 Stunde köcheln lassen, bis alles schön weich ist.

Aprikosen zusammen mit den restlichen Zutaten im Mixer pürieren. Heiß (vorsichtig erwärmen!) oder kalt servieren.

Passt kalt oder warm zu Getreidebratlingen, Gnocchi oder Fingernudeln, auch zu Fleisch.

Pürees aus Gemüsen wie Broccoli, Sellerie, Steckrüben und Wurzeln, verrührt mit Olivenöl und Zitronensaft, erweitern das Repertoire an köstlichem Beiwerk ins Unendliche. Auf dem Weg zu einer gesunden und abwechslungsreichen Kost sind sie unverzichtbar.

Die Vielfalt an gesunder Nahrung und die Inspiration zu neuen Rezepten kommen nicht allein aus der Lust am Kochen und Ausprobieren. Oft liegt ihr Ursprung in unseren Gärten. Selbst ausgesätes, liebevoll gepflegtes und eigenhändig geerntetes Gemüse bringt uns auf andere Ideen als das Öffnen von Büchsen und TK-Schachteln. Vor allem die kleinen Haus- und Schrebergärten, die winzigen freien Fleckchen zwischen den Häusern, die immer öfter von türkischen Frauen bepflanzt und von ihren Männern mit Bohnenstangen überbaut werden, sind wahre Experimentierfelder für die Zukunftsfähigkeit der Gesellschaft. Der Wunsch nach Selbstversorgung und Unabhängigkeit ist der Antrieb zur Entwicklung dieser ursprünglichsten Gartenkultur. Und dieses Bedürfnis ist zum Glück auch in einer ausufernden, globalisierten Geld- und Warenwelt nicht unterzukriegen.

GLÜCK UND GRAS

Es gibt kein Leben ohne Gras. Alle Welt lebt vom Gras, und alle lieben Gras. Die Kulturformen der Gräser, die Getreidesorten, ernähren uns, machen uns satt, zufrieden, glücklich, gesund und manchen high.

Brot ist aus Gras, Nudeln sind aus Gras, Kuchen ist aus Gras, Reis ist Gras, Mais ist Gras, Hirse ist Gras, Bier ist aus Gras, der meiste Schnaps ist aus Gras, Hanf ist Gras.

Überall gibt's Gräser. In jedem Land, auf der ganzen Welt. Weizen, Roggen, Gerste, Hafer, Emmer, Dinkel, Reis, Mais, alles Gräser, ohne die weder Menschen noch Tiere überleben könnten. Zumindest nicht in dieser Menge. Die Welt besteht aus Gras, von Alaska über unsere bayrischen Berge bis nach Afrika, aus unendlichen, wogenden grünen Ozeanen von tausenderlei Gräsern auf Steppen, Savannen, Feldern und Almen.

In den Archiven des Vavilov-Instituts in St. Petersburg lagert die unvorstellbare Menge von über 50 000 Weizenrassen in Schubladen und Schachteln. Auf unseren Feldern dagegen soll nur noch eine Handvoll Hochleistungssorten wachsen. Während die eine Hälfte der Wissenschaft akribisch die letzten Rassen und Sorten dokumentiert, arbeitet die andere, zusammen mit den Saatgutkonzernen, systematisch an der Verdrängung und Ausrottung einer durch jahrhundertelanges Sammeln und Auslesen entstandenen Vielfalt lokaler Sorten und Arten. Alles was zählt sind Ertragsmaximierung, die Eignung der Getreidesorten für den großflächigen Anbau und ihre Herbizidresistenz. Alte Sorten, deren Ertrag sich nicht durch Düngung steigern lässt, sind uninteressant.

Gegen diese Vereinheitlichung und Monopolisierung gibt's inzwischen mit ökologischem Saatgut eine echte Alternative. Heute sind wieder robuste Weizen- und andere Getreidesorten auf dem Markt, die widerstandsfähig gegen Pilze und Schädlinge sind, aber ohne manipulierte gentechnische Defekte, und die auch nicht im Set mit Spritzmitteln und Kunstdünger gekauft werden müssen.

Außerdem: Gegen die Vitalität der Alten ist sowieso kein Hochleistungskraut gewachsen. Uralte Weizensorten wie Einkorn, Emmer, Kamut und selbstverständlich Dinkel haben längst die Flucht aus den Museen geschafft und sind wieder in den Küchen und Backstuben angekommen.

Das ist vernünftig, schließlich enthalten die alten Sorten wesentlich mehr Mineralstoffe und wertvolles Eiweiß als der heute übliche Weizen. Nicht umsonst verehrte schon im Mittelalter die Schwester Hildegard von Bingen den Dinkel wie einen Heiligen, der uns ein „rechtes Fleisch und rechtes Blut, frohen Sinn und freudig menschliches Denken" macht. Tja, Glück und Gras, so leicht ist das.

Sommersuppe mit Weizen

80 g Getreideschrot (Weizen, Dinkel o.ä.), Olivenöl, 1–2 Tomaten, 200 g klein gewürfeltes Gemüse wie Stangensellerie, Paprika, Fenchel, Zucchini, Mangold usw., Wasser, Salz und Pfeffer, 1–2 Zweige Thymian

Getreideschrot in Öl anrösten, das gewürfelte Gemüse dazugeben und mit 1 Liter Wasser aufgießen.

Salzen und pfeffern. Thymianblätter abzupfen und zum Schluss in die heiße Suppe rühren. Bei Tisch nach Belieben mit Olivenöl (oder einem anderen Öl nach eigenem Gusto) aromatisieren.

Einkornfladen

200 g Einkorn, 1/2 TL Salz, 1/8 l lauwarmes Wasser, 1 EL Olivenöl

Einkorn fein mahlen, Salz dazu und das Wasser nach und nach einrühren. Alles zu einem geschmeidigen, relativ weichen Teig verkneten.

Öl dazugeben und noch einmal durchkneten. Den Teig mindestens 1/2 Stunde ruhen lassen. Besser sind ein paar Stunden.

Dann den Teig in 6 Stücke teilen und diese auf einer bemehlten Fläche zu kleinen Fladen ausrollen.

Die Fladen auf einem gut geölten Backblech auslegen, mit Öl bepinseln, in den kalten Backofen schieben und bei 200 °C etwa 15 Minuten backen.

Heiß servieren, etwa als Vorspeise, z.B. zusammen mit Broccolipüree (siehe Seite 25) oder frischen gehackten und mit Knoblauch, Öl und Basilikum gewürzten Tomaten, oder mit geschmortem Gemüse.

Emmerrisotto mit Fiori di Zucchini

400 g Emmer (oder Dinkel, Kamut, Weizen), 4 Tomaten, 1 Zwiebel, Olivenöl, ca. 3/4 l Wasser, Salz, Pfeffer, 4 kleine Zucchini, 1–2 Knoblauchzehen, 10–12 Zucchiniblüten, 1–2 Zweige Minze, ca. 50 g geriebener Pecorino oder anderer guter Hartkäse

Emmer waschen und mindestens 5 Stunden einweichen.

Tomaten einschneiden, überbrühen, häuten und würfeln.

Zwiebel fein hacken und im heißen Öl glasig dünsten. Den Emmer dazugeben und leicht anrösten. Das Wasser und die Zwiebel hinzufügen und das Ganze etwa 1 Stunde unter gelegentlichem Rühren köcheln lassen. Etwa 10 Minuten vor Ende der Garzeit kommen die Tomaten dazu. Salzen, pfeffern und warm stellen.

Inzwischen die Zucchini und den Knoblauch in Scheiben schneiden und zusammen in Olivenöl braten, bis die Zucchini leicht Farbe annehmen.

Die Zucchiniblüten grob zerschneiden und kurz mitbraten. Alles salzen, pfeffern und zusammen mit den gehackten Minzeblättern und dem Käse unter den Emmerrisotto mischen.

Variante: Statt Zucchini kann man auch gewürfelten Kürbis und Kürbisblüten verwenden.

SIZILIANISCHER EMMER

400 g Emmer (oder Dinkel, Kamut, Weizen), 4 Tomaten, 1 Zwiebel, 1–2 Zweige Pfefferminze (alternativ Basilikum und/oder Petersilie), Olivenöl, ca. 3/4 l Wasser, Salz, Pfeffer, 1 große Aubergine, 2–3 Knoblauchzehen, ca. 200 g Ricotta (oder Ziegenfrischkäse, oder normaler Quark), geriebener Pecorino oder anderer guter Hartkäse,

Emmerrisotto (ohne Zucchini) zubereiten wie im vorigen Rezept beschrieben.

Inzwischen die Aubergine in kleine Würfel schneiden, salzen, ca. 10 bis 15 Minuten ziehen lassen und ausdrücken. In heißem Öl braten, bis die Würfel gut angebräunt sind. Fein geschnittenen Knoblauch kurz mitbraten. Pfeffern.

Auberginen und gehackte Minzeblätter (bzw. andere Kräuter) unter den fertigen Emmer mischen.

Emmerrisotto auf vorgewärmte Teller verteilen, einen Klacks Ricotta drauf und noch mit geriebenem Käse bestreuen.

FARRO BAVARESE

350 g Emmer (oder Dinkel), 300 g Kalbs-, Lamm- oder Schweinegulasch, Butter, Olivenöl, 1 Zwiebel, 1 Glas helles Bier, 2 Zweige Salbei, 1–2 Knoblauchzehen, 1 Zweig Rosmarin, Salz, Pfeffer, 1 Lorbeerblatt, etwa 1/2 l Wasser, 2 Gelbe Rüben, 1 kleiner Kopf Weißkraut, 1/2 Bund Petersilie, nach Belieben Crème fraîche

Emmer waschen und mindestens 5 Stunden einweichen.

Das Gulasch in einem Butter-Öl-Gemisch anbraten, die Zwiebel hacken und dazugeben. Alles gut anbräunen und mit Bier (oder Wein oder Wasser) löschen und einschmoren lassen.

Salbei, Knoblauch und Rosmarin klein hacken, zum Gulasch geben und das Ganze kräftig salzen und pfeffern.

Den Emmer und das Lorbeerblatt zum Gulasch geben. Unter Rühren schmoren lassen, nach und nach das Wasser hinzufügen und alles in knapp 1/2 Stunde unter leichtem Köcheln fertig garen. Eventuell Wasser nachgießen.

Das Ganze anschließend im Backrohr trockenbraten. Dabei immer wieder durchschaufeln.

In der Zwischenzeit die Gelben Rüben in Scheiben und das Weißkraut in Streifen schneiden. Beides in einem Butter-Öl-Gemisch mit wenig Wasser bissfest garen.

Das gebratene Gemüse mit Petersilie bestreuen, salzen und pfeffern und entweder unter den Farro mischen (abschmecken, eventuell nachsalzen) oder separat dazu reichen.

Wer will, kann sich einen Klacks Crème fraîche dazu genehmigen (oder das Kraut mit der Crème fraîche überbräunen).

Tipp: Das Gericht schmeckt übrigens auch ohne Gulasch hervorragend.

„Farro" ist die italienische Bezeichnung für Emmer, oft aber auch für Dinkel. Einen richtigen Getreiderisotto aus ganzen Körnern, wie in Italien üblich, kennt meines Wissens die traditionelle bayrische Küche nicht, und der musste deshalb endlich hier erfunden werden. Anders verhält es sich mit gebrochenem Getreide, das oft als „Griaß" bezeichnet und wie auf Seite 49 beschrieben zubereitet wurde.

Bratemmerlinge

250 g Emmer, 1/2 Zwiebel, 1 Gelbe Rübe, 1–2 Knoblauchzehen, 50 g Schafskäse, 1 Ei, 20 g geriebener alter Bergkäse, 1 EL gutes Öl, 1 EL Mehl, 1 EL getrocknetes Basilikum, Salz und Pfeffer, Palmfett oder Öl

Emmer nicht zu grob schroten (mittlere Einstellung) und in nur so viel Wasser einweichen, dass der Schrot knapp bedeckt ist. Schrot einmal aufkochen und ca. 1 Stunde ausquellen lassen.

Inzwischen die Zwiebel und die Gelbe Rübe fein reiben, die Knoblauchzehen zerquetschen, den Schafskäse würfeln und das Ei verschlagen. Alles zusammen mit den übrigen Zutaten unter den Emmerschrot mischen und das Ganze mit Salz und Pfeffer abschmecken.

Palmfett oder Öl in der Pfanne erhitzen. Aus der Emmer-Mischung kleine Knödel formen, in die Pfanne setzen und mit dem Wender flachdrücken. Bei milder Hitze beidseitig goldbraun ausbacken. Passt gut zu sahnigem Gemüse.

Grano dolce (Süsser Weizen)

100 g Weizen (besser: Emmer oder Dinkel), 1–2 EL Honig, klein gewürfeltes Orangeat, Zitronat oder Ähnliches, 1 Glas Weißwein, 1 Birne oder 1 Apfel, 1 EL gehackte Walnusskerne, eventuell Schokolade

Getreide über Nacht einweichen und dann weich kochen.

Honig in Weißwein auflösen. Falls die Orangeat- und Zitronatwürfel sehr hart sind, im Honigweißwein ein paar Stunden einweichen.

Obst klein würfeln und alle Zutaten – bis auf die Schokolade – unter das Getreide mischen. Am besten das Ganze ein paar Stunden kalt stellen.

Wer will, kann Schokoladenraspel (im Originalrezept Bitterschokolde) darüber streuen. Statt mit Weißwein kann der Grano dolce auch mit Ricotta oder Speisequark zubereitet werden.

In Süditalien wird der „Grano dolce" mit Hartweizen zubereitet. Allerdings muss dieser „Grano duro" vor dem Kochen gute acht Tage eingeweicht werden, damit man ihn einigermaßen beißen kann. Zweifelsfrei eine Zubereitungsart, die dem modernen Menschen, der via Internet zwar weltweit und über große Zeitspannen disponieren, spekulieren und manövrieren kann, aber sonst kaum Zeit hat, beim besten Willen nicht zuzumuten ist. Gott sei Dank gibt's bei uns ohnehin fast nur Weichweizen zu kaufen.

BULGUR UND COUSCOUS

Zwei Fraktionen gibt es bei den Getreidegerichten: das eine sind die Körner und das andere ist der Brei. Dazwischen liegen Bulgur und Couscous zum Beispiel, beides Weizenprodukte, die erst mit den Naturkost-Freaks den Einzug in unseren abendländischen Küchenkulturkreis schafften.

Eine große Rolle spielen sie noch immer nicht, obwohl sie den Anforderungen einer Küche für dynamische, sportive Workoholiker in geradezu idealer Weise gerecht werden; handelt es sich doch um leichte und bekömmliche Gerichte, die den Magen nicht überlasten und einen unbeschwert wieder fit machen für stundenlanges Surfen, Chatten und Sitzen vor dem Bildschirm. Ideal auch für die wenigen Schwerstarbeiter, die es noch gibt in unserer modernen Gesellschaft. Für sie gibt es vielleicht noch ein wenig Fleisch in die Soße oder sogar Fisch dazu.

Sowohl bei Bulgur als auch bei Couscous handelt es sich um Weizenzubereitungen, die nicht wie unser Grieß in gegartem Zustand verbreien, sondern ihre trockene, körnige Konsistenz behalten. Bei der Herstellung von Bulgur werden die Körner erst gekocht, dann getrocknet und zerkleinert (z.B. geschnitten). Bei Couscous handelt es sich um gedämpften Hartweizenschrot, der zunächst angefeuchtet, dann mit heißem Wasserdampf vorgegart und anschließend getrocknet wird. Original Couscous entsteht daraus an den Lagerfeuern tunesischer Beduinen, wo er zwischen den nassen Handflächen der Köchinnen so lange gerollt wird, bis er zu kleinen Kügelchen zusammenklebt.

Und während der Sand hochwirbelt und von den Minaretten meilenweit entfernter Oasen der Ruf „Allah ist groß" über den Abend in der endlosen Wüste schallt, schmurgelt auf dem Feuer ein herzhaftes Ragout aus Gemüse, Kräutern, Ziegen- oder Lammfleisch. In einem praktischen Gerät aus der Beduinenküche, einem genau auf den Ragout-Topf passenden Dämpfeinsatz nämlich, gart schonend der Couscous im aromatischen Dampf. Serviert wird alles in einer großen Schüssel. Das zu einem Berg aufgeschüttete, golden leuchtende Couscous umgibt ein duftendes, feuriges Ragout aus mürbe geschmorten Fleischbröckchen und feinen Gemüsen. Tatsächlich: Allah ist groß!

Ein ähnlich lockeres und nahezu rieselfähiges Gericht, das sich im Mund feinkörnig und weich anfühlt, können wir aus ganz grob geschrotetem Getreide herstellen, indem wir die feine Mehl- und Staubfraktion durch ein Sieb schütteln. Gut und schnell geht das mit einem Salatsieb, vorausgesetzt die Löcher sind nicht zu groß. Ein normales, großes, nicht zu feinmaschiges Haushaltssieb geht aber auch.

Mit dem ausgesiebten Mehl backen wir uns einen Getreidefladen, den wir mit einem Gemüsepüree heiß zur Vorspeise essen, und zur Hauptspeise gibt es selbst gemachten Couscous oder Bulgur in einfacher oder arabischer oder türkischer Version.

GRUNDREZEPT

Couscous und Bulgur

500–600 g Emmer, Dinkel oder Weizen, Wasser, Olivenöl

Getreide grob schroten und durchsieben. Das feine Mehl zur Seite stellen und am besten zum Backen der Fladen für eine Vorspeise verwenden. Der verbleibende grobe Schrot sollte kaum noch mehlige Bestandteile enthalten.

Den Schrot mit so viel Wasser einweichen, dass er gut bedeckt ist. Etwa 2 Stunden einweichen lassen.

In einer Reine das Öl erhitzen und den eingeweichten Schrot unter Rühren so lange braten, bis das Einweichwasser eingedampft ist.

Weitere Zutaten unter den Couscous (Bulgur) mengen, diesen in ein auf 180 °C vorgeheiztes Backrohr stellen und immer wieder durchschaufeln, bis das Getreide trocken ist.

Dinkelcouscous mit Sommergemüse

Couscous aus 500–600 g Dinkel (siehe Grundrezept für Couscous und Bulgur), Wasser, 3–4 Tomaten, Olivenöl, Salz, Pfeffer, 500 g Gemüse nach Belieben, wie Zucchini, Paprika oder Fenchel oder alles gemischt, Oregano

Den Couscous wie im Grundrezept beschrieben schroten, einweichen und in einer Reine so lange braten, bis das Einweichwasser eingedampft ist.

Die Tomaten überbrühen, schälen und würfeln. Dann die gewürfelten Tomaten mit Saft zum Couscous geben, mit Salz und Pfeffer abschmecken und in das auf 180 °C vorgeheizte Backrohr stellen.

Den Couscous im Rohr weiter braten und immer wieder durchschaufeln, bis das Getreide trocken ist (siehe Grundrezept).

Inzwischen das Gemüse in Scheiben oder Streifen schneiden und in Olivenöl bissfest anbraten. Mit Oregano, Salz und Pfeffer abschmecken und unter den Schrot mischen.

Schmeckt solo, aber auch zu geschmortem Fleisch oder wie im folgenden Vorschlag mit einer Leihgabe aus der türkischen Küche, nämlich mit Joghurt.

HAUSMACHER-BULGUR MIT JOGHURT

Zutaten wie oben (eventuell statt der Sommergemüse Spinat verwenden; falls man gekauften Bulgur nimmt: zubereiten wie im Rezept Arabischer Bulgursalat), 2-3 Knoblauchzehen, 400 ml Naturjoghurt, ca. 50 g Butter, 1 TL mildes Paprikapulver (wer stärkere Reize bevorzugt, nimmt scharfes Pulver oder gleich Cayenne-Pfeffer)

Den Bulgur zubereiten wie im Grundrezept.

Dann das Gemüse zubereiten. Man kann das gleiche wie im vorangegangenen Rezept verwenden, oder stattdessen etwa 1 kg Spinat, was dem Ganzen einen ganz anderen Touch verleiht. In diesem Fall die Spinatblätter als Ganzes oder, wenn es sich um sehr große, feste Blätter handelt, grob zerkleinert in heißem Olivenöl zusammenfallen lassen und unter das fertige Getreide mischen.

Knoblauchzehen zerdrücken und unter den Joghurt mischen.

Butter erhitzen, salzen und mit dem Paprikapulver verrühren. Den Bulgur auf die Teller verteilen und über die Portionen 3 bis 4 EL Joghurt geben.

Zum Schluss das Ganze mit der heißen Paprikabutter beträufeln. Die Paprikabutter kann man auch weglassen. (Aber gut überlegen! Schaut schön aus.)

Am besten ist und am besten schmeckt ein so genannter stichfester Joghurt. Für mich wenigstens. Was von den Molkereien in der Regel angeboten wird, ist jedoch meist ein gerührter Joghurt, eher eine puddingartige Creme mit Joghurtgeschmack. Diese Industriejoghurts haben nichts mehr von der typischen Konsistenz einer zart-frischen Gallerte. Es sind maschinengerechte Designerprodukte, Ergebnis einer gelungenen Vercremung des allgemeinen Geschmacks. Lediglich von kleinen Herstellern, vom Biobauern und Hofkäser bekommt man noch einen richtigen, typischen Joghurt. Ohne probiotische Milchsäurebakterien allerdings! Und andere umsatzfördernde Ballaststoffe und Manipulationen gibt's auch nicht. Schade, denn gerade der Joghurt mit Zusatznutzen ist einer der Top Ten im modernen Food Business. Mit dem vorgeblichen Zusatznutzen ist das jedoch so eine Sache, obwohl die Aussage, dass probiotische Joghurts den Cholesterinspiegel senken helfen, auch nicht ganz falsch ist. Schließlich sanken in so genannten Doppelblindstudien bei a l l e n Versuchspersonen die Cholesterin- und Triglyceridwerte nach unten, ganz gleich, ob sie probiotische oder normale Joghurts aßen. Der Zusatznutzen der probiotischen beschränkt sich also wohl eher auf's Geschäft.

Arabischer Bulgursalat

knapp 1/2 l Wasser, 250 g fertiger Bulgur (aus dem Bio- oder Gemüseladen), 60 g Sonnenblumenkerne, 1/2 Landgurke, 1 rote oder gelbe Paprikaschote, 1-2 Stiele Stangensellerie, 1-2 Knoblauchzehen, 1 Chilischote, Salz, Pfeffer, 1 Bund Petersilie, 1 Zitrone, Olivenöl

Wasser in einen Topf und den Bulgur dazugeben. Aufwallen und nach ein paar Minuten nur noch leicht köcheln lassen, bis der Bulgur körnig weich ist. Zwischendrin umrühren.

Den Bulgur eventuell absieben, wenn zu viel Wasser verwendet wurde, also noch Wasser im Topf ist. Anschließend 10 Minuten im geschlossen Topf ausquellen lassen.

Inzwischen die Sonnenblumenkerne trocken in der Pfanne rösten und das Gemüse klein würfeln. Knoblauch fein hacken und die Chilischote (wer's nicht so scharf mag, kann sie natürlich weglassen) fein schneiden.

Alles unter den Bulgur mischen. Salzen und pfeffern. Gut 1/2 Stunde ziehen lassen. Eventuell nachsalzen.

Anschließend mit der fein gehackten Petersilie mischen und mit Zitronensaft und Olivenöl anmachen.

Lammcurry mit Aprikosen und Bulgur

ca. 300 g Lammgulasch, Olivenöl, 2 große Zwiebeln, 300 g getrocknete Aprikosen, 1 Glas Apfelsaft, Salz und Pfeffer, 1-2 EL Curry, ein Paar Zweige Zitronenmelisse, 300 g fertiger Bulgur oder Couscous (aus dem Bio- oder Gemüseladen)

Das Lammgulasch in Olivenöl anbraten. Die Zwiebeln in grobe Spalten schneiden, dazugeben und so lange weiter braten, bis sie glasig sind.

Die klein geschnittenen Aprikosen zum Gulasch geben und mit Apfelsaft ablöschen.

Das Ganze einschmoren lassen, salzen und pfeffern und mit so viel Wasser aufgießen, dass das Ragout gerade bedeckt ist. Anschließend zugedeckt leise köcheln lassen, bis das Fleisch schön zart und mürbe ist.

Das Gulasch etwa 5 Minuten vor Ende der Garzeit mit Curry abschmecken. Vor dem Servieren mit den Melisseblättern garnieren.

Den Bulgur zubereiten wie beim Arabischen Bulgursalat beschrieben und zum Lammcurry reichen oder untermischen.

UND IMMER WIEDER PIZZA

Getreide zusammen mit Gemüse (mit oder ohne Käse) zu einer Pizza zu verbacken ist so genial, dass wir uns in der Herstellung durchaus eine gewisse Routine angewöhnen sollten. Schließlich kann es sie nicht oft genug geben. Da die meisten Kinder sie mögen, stiften Pizzen in der Regel Ruhe und familiären Frieden. Bei vielen von uns wecken sie außerdem Urlaubserinnerungen, angenehme Tagträume von Nichtstun und seliger Sattheit. Pizzen sind reinster Balsam für die Psyche.

Der Teig ist schnell gemacht, braucht aber dann für ein paar Stunden seine Ruhe. Ihn also am besten morgens rasch kneten und einfach zugedeckt stehen lassen. Mittags oder abends den Belag drauf und rein damit in den Ofen. Fertig ist die Familientherapie!

GRUNDREZEPT

PIZZA

500 g Mehl oder feiner Schrot oder Mehl-Schrot-Mischung, 1/4 l lauwarmes Wasser, 20 g frische oder 10 g Trockenhefe, 2 EL Olivenöl, Salz

Mehle und/oder Schrote im gewünschten Verhältnis mischen. Mehl aufhäufeln und eine Mulde hineindrücken.

Die Hefe im Wasser auflösen, dann Öl und Salz in das Wasser einrühren. Die Hefemischung in die Mulde im Mehl schütten und alles vermischen und verkneten, bis eine elastische Kugel entstanden ist.

Teig mindestens 1 Stunde (besser sind ein paar Stunden) an einem warmen Ort zugedeckt ruhen lassen. Vorher mit Öl einpinseln, damit er nicht austrocknet.

Den Teig vor dem Ausrollen nochmals durchkneten. Je nach gewünschter Größe den Teig in zwei oder mehrere Teile schneiden und auf einem bzw. zwei eingeölten Backblechen etwa 1/2 cm dick ausrollen.

Die Pizza mit Belag belegen und diesen mit der flachen Hand leicht andrücken. Mit Öl beträufeln und im auf 200 °C vorgeheizten Rohr etwa 15 Minuten lang backen.

Vorschlag für Mehl- und Schrotmischungen: 300 g feiner Dinkel- oder Emmerschrot und 200 g Weizenmehl Type 1050, oder ausschließlich Emmerschrot oder Dinkelschrot. Empfehlenswert ist auch die Zugabe von 100 bis 200 g Maismehl, um einen schönen Gelbton der Pizza zu erreichen.

PIZZA-BELÄGE VON SCHWARZ BIS WEISS

Rezepte für Pizzabeläge können sinnvollerweise nur Anregungen sein. Zu groß ist die Vielfalt und zu lecker ein zufälliges, nie zu wiederholendes Durcheinander. Wir verzichten auf die Registratur traditioneller Pizzen und gängiger Auflagen wie Napoli, Regina und neuerdings Max und Moritz, und ordnen unser Belagwesen nach Farben.

SCHWARZE PIZZA

500 g Schwarzkohl (ersatzweise Grünkohl), Olivenöl, 3 Knoblauchzehen, nach Belieben 2 gehackte Tomaten oder 1 rote Paprika, Salz und Pfeffer, 100 g geriebener Hartkäse

Schwarzkohl putzen und in Streifen schneiden.

Öl erhitzen und den Kohl zusammen mit dem klein gehackten Knoblauch und den Tomaten (bzw. Paprika) bissfest dünsten, bis alle Flüssigkeit verdampft ist.

Salzen und pfeffern und mit dem Käse vermischen.

BLAUE PIZZA

500 g Blaukraut, Olivenöl, Wasser, 3 Lorbeerblätter, 1 EL Rotweinessig, Salz, Pfeffer, ca. 150 g Blauschimmelkäse

Blaukraut in feine Streifen schneiden und in Öl andünsten. Mit Wasser aufgießen und zusammen mit den Lorbeerblättern und dem Essig weich dünsten. Salzen und pfeffern.

Sobald alle Flüssigkeit eingedampft und das Kraut weich ist, alles auf den Pizzafladen verteilen.

Blauschimmelkäse klein zerbröckeln und gleichmäßig über dem Kraut ausbringen. Gut andrücken und mit Öl beträufeln.

ROTE PIZZA

6 Tomaten (ersatzweise 1 Glas oder Dose gehackte Tomaten), 3 Knoblauchzehen, Basilikum, Salz, Pfeffer, Olivenöl, 1 EL getrocknetes Oregano, 100 g Frischkäse (Mozzarella) oder geriebener Hartkäse, 1-2 Bund Rucola

Tomaten einschneiden, überbrühen, schälen und klein hacken. Gut abtropfen lassen und mit dem in feine Scheiben geschnittenen Knoblauch und dem Basilikum vermischen.

Salzen und pfeffern und alles über den Pizzafladen verteilen.

In Scheiben geschnittenen Frischkäse (Mozzarella) oder geriebenen Hartkäse darüber verteilen. Die Pizza mit Olivenöl beträufeln. Backen.

Vor dem Servieren reichlich mit in grobe Stücke geschnittenem Rucola bestreuen.

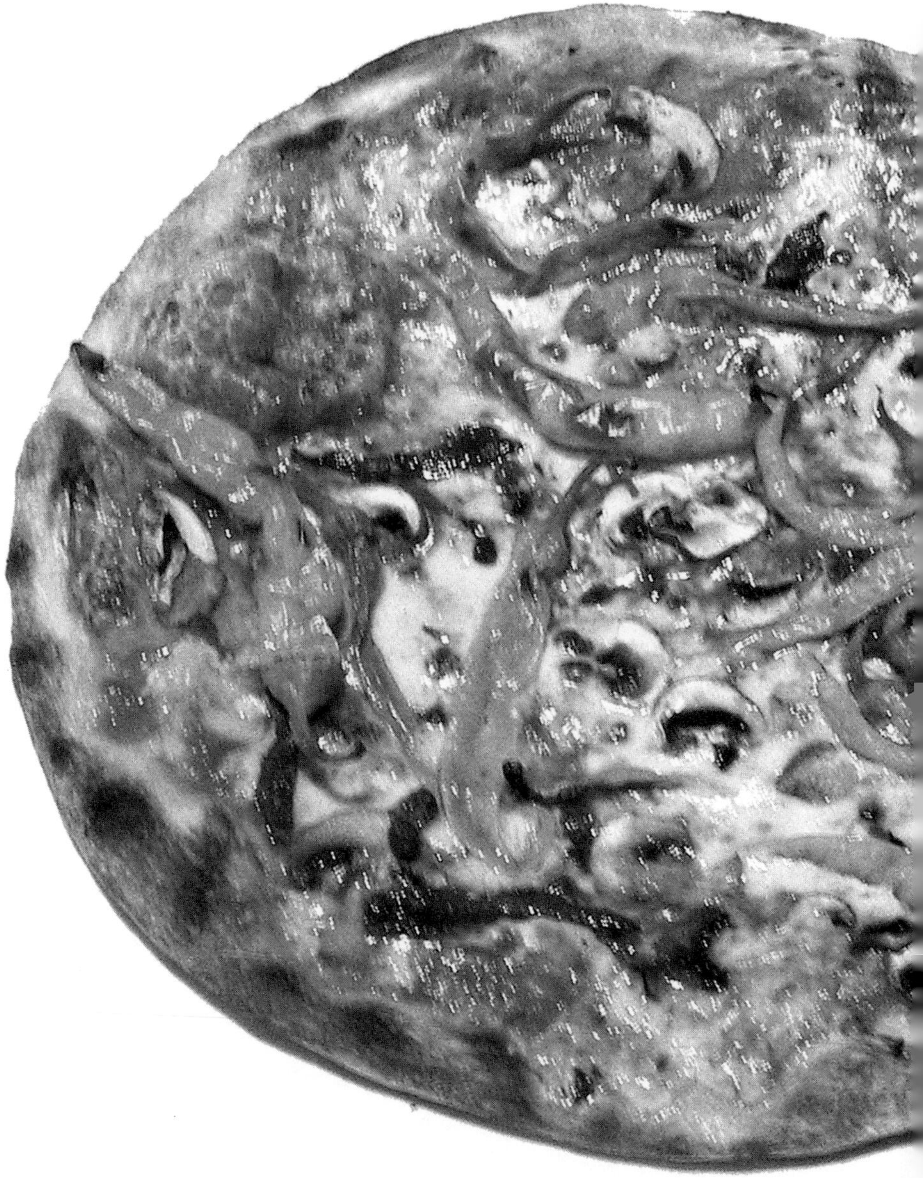

Grüne Pizza

Siehe *einfach buono!*, Seite 172

Gelbe Pizza

ca. 0,8 kg gelb- oder orangefarbige Kürbis (Butternut, Hokkaido), 2 gelbe Paprika, Olivenöl, 2 Knoblauchzehen, ca. 100 g geriebener Hartkäse, Salz, Pfeffer, 1 Zwiebel, 1 Bund Basilikum

Kürbis grob raffeln, Paprika in dünne Streifen schneiden. Paprika in Öl anbraten, dann den Kürbis dazugeben und zusammen mit dem feinblättrig geschnittenen Knoblauch so lange dünsten, bis der austretende Saft wieder verkocht ist.

Abkühlen lassen, mit dem Käse vermischen und salzen und pfeffern. Auf den ausgerollten Teig geben.

Zwiebel in ganz feine Ringe schneiden und über den Fladen verteilen.

Mit fein geschnittenem Basilikum bestreuen und mit Olivenöl beträufeln.

Weisse Pizza

500 g Zwiebeln, 6–10 große grüne Oliven, 4–5 Zweige frischer oder 1 EL getrockneter Rosmarin, Olivenöl, Salz, Pfeffer

Zwiebeln in Ringe schneiden, Oliven in Scheiben. Zusammen mit den Rosmarinnadeln und einem Schuss Olivenöl verrühren. Salzen und pfeffern. Auf dem Fladen verteilen und gut andrücken.

Nahezu wahllos können auf den Pizzen außerdem verteilt werden: Salamischeiben, Schinken, Sardellen, Thunfisch, Shrimps usw. usw.; im Einzelnen nachzulesen auf den Speisekarten von da Mario, da Cesare, da Roberto etc. etc.

Allerdings sollten wir einen nicht vergessen, den Pizza-Belag schlechthin, nämlich das

Original aus Napoli

ca. 6 Tomaten, Salz, 30 g in Salz eingelegte Sardellen, 100 g Mozzarella, 1 EL getrockneter Oregano, Olivenöl

Tomaten einschneiden, überbrühen, schälen und klein hacken. Gut abtropfen lassen. Salzen und auf dem Pizzafladen verteilen.

Die Sardellen abwaschen und ebenso wie den in Scheiben geschnittenen Mozzarella auf dem Fladen auslegen und mit Oregano bestreuen. Das Ganze mit Öl beträufeln.

Zum Backen von Pizzas, diversen Fladen, Calzone, Panzarotti, Gemüsekuchen usw. aus Hefeteig empfiehlt sich die Zugabe von Roggenmehl, besonders wenn man die Fladen kalt oder erst am andern Tag essen will. Pizzas aus reinem Weizenmehl schmecken im Grunde nur heiß aus dem Ofen gut. Später erinnert der reine Pizzafladen eher an den Geschmack von Pappendeckel. Durch das Roggenmehl bleibt – wie beim Roggenbrot – der Fladen länger frisch und saftig und wird aromatischer. Dies gilt für Vollkornmehle genauso wie für Auszugs- oder gemischte Mehle.

GRUNDREZEPT

CALZONE

300 g fein gemahlener Emmer oder Weizen, 200 g Roggenmehl Type 997, 1/4 l lauwarmes Wasser, 20 g frische oder 10 g Trockenhefe, 2 EL Olivenöl, Salz

Teig für Calzone wie Pizzateig herstellen und ruhen lassen. Je nach gewünschter Größe der Calzone den Teig in mehrere Teile schneiden, zu Kugeln kneten und mit dem Nudelholz auf einer bemehlten Fläche zu runden oder ovalen, dünnen (!) Fladen ausrollen.

Die Fladen zur Hälfte mit der Füllung belegen (Ränder freilassen!), zusammenklappen und die Ränder andrücken. Mit Öl einpinseln.

Im auf mindestens 200 °C vorgeheizten Backofen auf einem geölten Backblech etwa 15 Minuten backen.

Für eine Mahlzeit die Calzone in der Größe einer zusammengeklappten handelsüblichen Pizza herstellen. Aus der oben genannten Teigmenge erhält man etwa 4 Stück. Für Vorspeisen kleine Calzone zubereiten. Als Schablone zum Ausstechen kann man z.B. Dessertschüsseln benützen.

FÜLLUNG

MIT FENCHEL UND ROSMARIN

1-2 Fenchelknollen, 2-3 gehackte Tomaten (oder Rest Tomatensoße), 100 g gewürfelter Butterkäse, Rosmarin, Pfeffer, Salz, 50 g sehr dünn geschnittener geräucherter, gut fetter Schinken

Fenchelknollen halbieren und in feine Scheiben hobeln. Mit den gehackten Tomaten (oder der Soße) vermischen.

Käse klein würfeln und unter das Gemüse mischen. Mit Rosmarin, Pfeffer und Salz (Vorsicht wenn der Schinken stark gesalzen ist!) würzen.

Die Mischung auf den Calzone verteilen und darüber einlagig den Schinken auflegen. Schmeckt auch ohne Schinken.

FÜLLUNG

MIT ZWIEBELN UND SULTANINEN

60 g Sultaninen, 2-3 Zwiebeln, 2-3 gehackte Tomaten (oder Rest Tomatensoße), 100 g Butterkäse, 1-2 Peperoni, Salz, Pfeffer, Olivenöl

Sultaninen einweichen.

Inzwischen die Zwiebeln in feine Streifen hobeln, die Tomaten überbrühen, schälen und klein hacken.

Den Käse klein würfeln, Peperoni fein wiegen. Sultaninen abtropfen lassen und dazugeben.

Alles mischen, salzen, pfeffern und mit ein wenig Olivenöl vermengen.

Und jetzt packt uns die Wanderslust: von Pizza und Calzone geht's in den hohen Norden, nach Hamburg, und gleich wieder zurück zur heimischen Dampfnudel...

GRUNDREZEPT

Semmeln, Schrippen, Brödla

Zutaten wie für Pizzateig. Als Einmischungen eignen sich: geröstete (rote!) Zwiebeln oder Oliven oder Rosinen oder Rosmarinnadeln, Nüsse, Sauerkraut, Speck oder Speck und Sauerkraut (siehe Seite 168) und vieles mehr...

Teig wie für Pizzen zubereiten und ruhen lassen. In den Teig nach Belieben alles Mögliche einmischen.

Semmeln, kleine Brote oder Zöpfe formen und im auf mindestens 200 °C vorgeheizten Ofen in ca. 15 bis 20 Minuten ausbacken.

Und hier kommt er, der alternative Superlativ, der

Bio-Hamburger

1/4 l Wasser, 125 g Grünkernschrot, 3 Zwiebeln, 1-2 Knoblauchzehen, 1/2 Bund Petersilie, 1 Ei, 30 g Hartkäse, 1-2 EL mittelscharfer Senf, Salz und Pfeffer, Öl, Essiggurke, 4 Semmeln (hergestellt wie oben oder gekaufte), Ketchup

Wasser aufkochen. Schrot einstreuen und ca. 10 bis 15 Minuten leicht köcheln; anschließend etwa 10 Minuten ausquellen lassen.

Inzwischen eine Zwiebel, Knoblauch und die Petersilie fein hacken. Ei verschlagen und mit dem Schrot, Käse, Senf und dem fein gehackten Gemüse vermengen. Salzen und pfeffern.

Aus dem Teig einen Hamburger formen und in Öl bei milder Hitze beidseitig etwa 6 Minuten braten.

Essiggurke hacken und Semmeln halbieren.

Die unteren Semmelhälften mit Ketchup einstreichen, die Essiggurkenwürfel darauf verteilen und die Pflanzerl draufgeben.

Zum Schluss die gebratenen Zwiebelringe darüber gehäufelt, ein Schuss Ketchup draufgeklascht und Deckel drauf. Fertig.

Wer gerne ein totales Durcheinander isst, kann auf das Pflanzerl noch eine Scheibe Butterkäse legen und darauf noch ein Spiegelei, dann Zwiebeln und Ketchup wie gehabt und dann reichts aber. Mund weit öffnen!

ROHRNUDELN MIT ZWETSCHGEN

400 g feiner Weizenschrot, 100 g Roggenmehl, 80-100 g Butter, 1 EL Rohrzucker, 1/2 TL Salz, nach Belieben abgeriebene Zitronenschale, 10 g Trockenhefe, 1/2 l Milch, 1 Ei; für die Füllung: 10-12 Zwetschgen, 10-12 TL Rohr- oder Würfelzucker

Weizenschrot, Roggenmehl, ca. 50 g weiche Butter, Zucker, Salz und Zitronenschale vermischen.

Hefe in der lauwarmen Milch auflösen und zusammen mit einem verschlagenen Ei unter das Mehlgemisch rühren. Alles zu einem weichen Teig verkneten.

Die gut durchgeknetete Teigkugel an einem warmen Ort mit einem sauberen Tuch zugedeckt mindestens 1 Stunde gehen lassen. Dann den Teig nochmals durchkneten und in 10 bis 12 Stücke teilen.

Zwetschgen entkernen und jeweils mit 1 TL Zucker oder 1 Stück Würfelzucker füllen. Die Zwetschgen in die Teigstücke eindrücken. Gut verschließen.

In einer Bratreine die restliche Butter erwärmen und zerlaufen lassen. Die Rohrnudeln von allen Seiten in die warme Butter tauchen und anschließend nebeneinander mit ein wenig Abstand aufstellen.

Die Rohrnudeln im vorgeheizten Backrohr bei ca. 180 °C in knapp 1/2 Stunde schön braun backen.

Eine Alternative zu den Zwetschgen ist natürlich Zwetschgenmus, aber auch Aprikosen kann man nehmen, oder irgendeine Marmelade, oder gar nichts. Ohne Füllung schmeckt die Rohrnudel zu Sauerkraut ebenso wie zu Kartoffel - oder Gemüsesuppe. Aber Achtung: dann keinen Zucker in den Teig geben!

WICKELKUCHEN MIT FENCHEL

250 g Fenchel, 1-2 gelbe Spitzpaprika (oder andere), 1-2 Tomaten, 50 g klein gewürfelter Bergkäse, 1 Knoblauchzehe, Petersilie, 2 Zweige frischer oder 1/2 TL getrockneter Thymian, 1-2 TL Öl, Salz, Pfeffer, Teig aus Weizenschrot und Roggenmehl wie für Rohrnudeln, aber ohne Zucker

Fenchel und Paprika in kleine Würfel schneiden. Tomaten einschneiden, überbrühen, schälen und ebenfalls in kleine Würfel schneiden.

Tomaten abtropfen lassen und mit dem Käse, dem klein gehackten Knoblauch, der fein gehackter Petersilie, den Thymianblättern (bzw. dem getrockneten Thymian) und dem übrigen Gemüse vermengen. Öl dazugeben, salzen und pfeffern.

Teig 1/2 cm dick zu 1 oder 2 Platten ausrollen. Mit der Gemüsemischung bestreichen und aufrollen.

Eine Reine mit Öl ausstreichen und den oder die Wickel reinsetzen. Wickel mit Öl bestreichen und im auf 200 °C vorgeheizten Rohr ca. 30 Minuten backen.

Mit Tomaten- oder Paprikasoße servieren. Salat dazu reichen.

So, und jetzt kommt sie, der Höhepunkt der bayrischen Nudelküche, die

Dampfnudel

500 g Weizenmehl, 1/4 l Milch, 1 EL Zucker, 3/4 Stück Hefe, 2-3 Eier, Butter, 1 kräftige Prise Salz, eventuell 1 Päckchen Vanillinzucker

Das Mehl in eine Schüssel geben und in der Mitte mit der Hand eine Mulde eindrücken. In die Mulde 1/4 Liter lauwarme Milch, etwa 1 EL Zucker und die Hefe geben. Die Hefe gehen lassen.

Dann 40 g Butter, 2 Eier und eine Prise Salz hinzufügen und alles zu einem Teig verrühren. Eventuell noch Vanillinzucker und noch etwas Zucker dazugeben. Den Teig zugedeckt gehen lassen.

Wenn der Teig aufgegangen ist, ein erwärmtes Nudeltuch mit Mehl bestäuben, den Teig in etwa faustgroße Stücke zerlegen und diese nochmals zugedeckt gehen lassen.

Einen großen Esslöffel Butter in eine tiefe Pfanne geben, zerlaufen lassen und die übrige Milch dazugeben, sodass sie etwa 1 bis 1 1/2 cm hoch steht.

Die Milch erhitzen, bis sie beinahe kocht, und die Teigstücke hineinlegen. Etwas Mehl über die Nudeln streuen.

Eventuell noch ein wenig Zucker und 1 verschlagenes Ei in etwas Milch verrühren und das Ganze über die Nudeln gießen. Die Pfanne zudecken.

Die Nudeln zugedeckt (!) bei gleichmäßiger Hitze etwa 30 Minuten köcheln lassen. Während der Kochzeit darf der Deckel auf keinen Fall abgenommen werden!

Die Dampfnudeln sind fertig, wenn die ganze Milch verkocht ist und aus der Pfanne ein säuselndes Geräusch zu hören ist (wenn die Dampfnudeln „singen").

Den Deckel vorsichtig abnehmen, damit keine Wassertropfen auf die Nudeln fallen. Die am Pfannenboden haftende Kruste abschaben und über die Dampfnudeln verteilen. Am besten heiß servieren.

Dazu gibt's Apfelkompott aus den ersten Frühäpfeln, schön säuerlich und genau richtig für ein interessantes Kompott mit Basilikum.

Grünes Apfelkompott

ca. 500 g säuerliche Äpfel, 1-2 Zweige Basilikum, 2-3 EL Mascobado-Vollrohrzucker, 1/2 Zitrone

Äpfel schälen, Kernhaus raus- und klein schneiden. Roh zusammen mit den Basilikumblättern, dem Zucker und dem Saft der halben Zitrone im Mixer pürieren.

Passt zu Pfannkuchen, Kaiser- oder am besten zum Kartoffelschmarrn (siehe Seite 177).

DAMPFNUDEL HAMMA ALLE DOG

Die Dampfnudel ist ein Synonym für Zuhause und Heimatglück. Da es mit dem Glück nicht immer so weit her ist, halten wir uns fürs Erste an ihre unkomplizierte Schwester, die Rohrnudel. Während die Dampfnudel nämlich gleich beleidigt auf abflauende Hingabe und Wärme reagiert, nicht gestört werden darf und immer einen Deckel auf dem Topf braucht, macht die Rohrnudel keine Zicken.

In manchen Gegenden Bayerns wurden früher Rohr- oder Dampfnudeln zum Apfelmus oder Zwetschgentauch gegessen, zum Sauerkraut mit und ohne Geselchtem, und abends zum Kaffee. Also praktisch immer, und zwar mit der Begründung: „Weil uns des gfreit", wie es im Lied von den Dampfnudeln heißt.

Allerdings bestand die tägliche Dampfnudel damals aus den üblichen dunklen Mehlen und oft zur Hälfte aus Roggenmehl, schmeckte also kräftiger und mehr nach Brot als der uns als weiches, süßes Flaumgebäck bekannte und mit einem klebrigen Vanillezuckerpapp servierte Germknödel. Letzterer kommt heute aus den Mikrowellenöfen uriger Hüttengastronomie und wird von Bergen von Touristen tonnenweise verdrückt in der irrigen Annahme, eine „Original-Jausen" zu verspeisen. Aber längst steht die Sennerin nicht mehr in der Küche ihrer Almhütte, sondern mit der Haarschutzhaube hinter dem Fließband irgendeiner Convenience-AG und rührt statt Roggenmehl, Salz, Milch und Bäckerhefe ein computergestütztes Mischmasch aus Hühnervolleipulver, Emulgator E 472 C, Salz, Aroma, modifizierter Stärke, Stabilisator E 407, Farbstoff E 160 A, Trennmittel E 341 usw. zusammen. So steht's zumindest auf einem Karton mit „Original Germknödel mit Vanillesoße".

Zu Schluss gibt's Hafer. Wenn der Wind über die Haferstoppeln weht, wird's allmählich Herbst. Fett-, eiweiß- und einflussreich ist der Hafer. Das ist das Allerbeste für unseren Organismus, für den Geist und überhaupt. Angeblich ist der Hafer unter den pflanzlichen Rohstoffen am besten geeignet, unseren Nährstoffbedarf zu decken. Er ist das proteinreichste Getreide, und sein Eiweiß hat unter allen Getreiden die höchste biologische Wertigkeit. Unübertroffen sind seine Fettgehalte, vor allem der Anteil der gesunden, ungesättigten Fettsäuren ist spitzenmäßig. Rasch mobilisiert der Haferbrei die Energie in Körper und Geist. Nicht mehr zu bremsen ist, wer ihn schon zum Frühstück verputzt.

Annelieses Frischkornbrei

Hafer (oder anderes Getreide, am besten immer wechseln), Nüsse, Mandeln, Sonnenblumenkerne und Obst nach Belieben, Sahne, eventuell Honig

Hafer grob schroten und ca. 12 Stunden (am besten über Nacht) in Wasser einweichen.

Nüsse und/oder Kerne grob mahlen und Obst klein schneiden.

Sahne schlagen, alles miteinander vermischen. Wer`s recht süß will, kann noch Honig dazugeben.

Haferrisotto mit Artischocken

300 g Nackthafer oder entspelzter Hafer, Olivenöl, Butter, 1 Zwiebel, Salz, Pfeffer, 5-6 Artischocken, Petersilie, Knoblauch, Zitrone, Minze

Hafer waschen und abgießen. Öl und Butter in einem Topf erhitzen und darin die klein gehackte Zwiebel glasig anbraten.

Haferkörner einstreuen und unter Rühren etwa 1/2 l Wasser zugießen. Salzen, pfeffern und den Hafer zugedeckt bei milder Hitze ausquellen lassen. Das dauert etwa 45 Minuten.

Inzwischen die Artischocken putzen (siehe Seite 115), in Spalten schneiden und sofort in Öl und Butter unter Rühren anbraten.

Fein gehackte Petersilie, klein gehackten Knoblauch und etwa 1/2 EL abgeriebene Zitronenschale dazugeben und alles so lange schmoren, bis die Artischocken bissfest sind.

Die Minze fein schneiden. Sobald der Hafer gar ist, die Artischocken und die Minze untermischen.

Aus unserer Bastelecke:

KRAFTBEUTEL

ca. 400 g klein gewürfeltes gemischtes Gemüse wie Salatherzen, Zucchini, Gelbe Rüben, Fenchel Stangensellerie, Kartoffeln, Auberginen u.ä., Olivenöl, ca. 100 g fertig gegarte Haferkörner, 1-2 Zweige Thymian, ca. 200 g Butterkäse, Salz und Pfeffer, große Salatblätter, Schnittlauch oder Schnittknoblauch, Butter, geriebenen Hartkäse wie Parmesan

Das gewürfelte Gemüse in Olivenöl weich dünsten. Nur wenn notwendig, ganz wenig Wasser dazu geben. Mit den Haferkörnern vermengen und mit Thymianblättchen würzen.

Den Butterkäse reiben oder grob raffeln, unter das Gemüse mischen und bei sanfter Hitze schmelzen lassen. Salzen und pfeffern.

Salatblätter auslegen (harte Blattader keilförmig ausschneiden), mit dem Gemüse füllen und zu kleinen Beuteln zusammenfalten. Mit einem Schnittlauchröllchen (oder einem Blatt Schnittknoblauch) zusammenbinden.

Die Beutel in Wasserdampf (Dünsteinsatz verwenden) erwärmen. Butter erhitzen und kurz aufschäumen lassen. Beutel auf die Teller verteilen und heiße Butter darüber träufeln. Mit geriebenem Parmesan bestreuen.

ZWIEBELSCHICKSAL: AUSGEHÖHLT UND ABGEFÜLLT

Sommerzwiebeln sind groß, rund und saftig. Sie eignen sich hervorragend als Soßenzutat, einfach mitgebraten mit dem Braten, in der Pfanne in Öl angebraten und fertig geschmort, auch zusammen mit Paprikaschoten, Champignons, Auberginen usw.

Oder als Spaghettisoße mit Tomaten geschmort. Leichter, schneller und einfacher geht's wirklich nicht. Wer es dennoch etwas komplizierter mag, hält sich an die folgenden Rezepte.

Gefüllte Gemüsezwiebeln mit Kartoffeln

4 große Gemüsezwiebeln, Olivenöl, Füllung, 3 Tomaten, 1/4 l Weißwein, 600 g fest kochende Kartoffeln, nach Belieben 1 rote Paprikaschote

Zwiebeln am Boden gerade schneiden, damit sie gut stehen. Mit einem Teelöffel aushöhlen, das Innere grob hacken und in Olivenöl anbraten.

Die Füllung vorbereiten (siehe unten) und in die ausgehöhlten Zwiebeln geben.

Die Tomaten überbrühen, schälen, hacken und zu dem angebratenen Zwiebel-Inneren geben. Mit Weißwein aufgießen. Anschließend die gefüllten Zwiebeln in den Topf setzen und zugedeckt mindestens 1/2 Stunde schmoren lassen.

Inzwischen die Kartoffeln schälen und achteln. Zu den Zwiebeln in die Soße geben und alles so lange zugedeckt weiter köcheln lassen, bis die Kartoffeln gar sind.

Lange geschmorte Gemüsezwiebeln produzieren sehr viel geschmackvolle Soße, die in Verbindung mit Tomaten einen schönen dunkelgelben Farbton annimmt. Eine in Spalten geschnittene und mitgeschmorte rote Paprikaschote vervollkommnet Geschmack wie Optik.

F Ü L L U N G

Pikante Fleischfüllung

50 g Speck, 80 g halbfester Schnittkäse, 250 g Hackfleisch (gemischt), jeweils 1/2 bis 1 ganzer TL fein gehackter Salbei und Rosmarin, 1 kleine Peperoni, 2 Zehen Knoblauch, Salz, Pfeffer, 1/2 bis 1 ganzer TL Fenchelsamen je nach Geschmack, eventuell 1 Glas Weißwein

Speck klein würfeln, Käse grob raffeln und mit dem Hackfleisch vermengen.

Salbei, Peperoni, Knoblauch und Rosmarin ganz fein wiegen. Die Fleischmasse mit den gehackten Gewürzen, Salz, Pfeffer und Fenchelsamen pikant abschmecken.

Nach Belieben ein kleines Glas trockenen Weißwein in die Füllung einarbeiten.

FÜLLUNG

FÜLLUNG VEGETALE

500 g Auberginen, 1 Semmel, 12-15 entsteinte Oliven, 80 g Semmelbrösel (Vollkorn), Olivenöl, 2-3 Knoblauchzehen, 1 Bund Basilikum, 1-2 getrocknete Tomaten, 100 g Frischkäse, 50 g Hartkäse, 2 Eier, Salz und Pfeffer

Stiele und grünen Blattkranz von den Auberginen abschneiden. Auberginen so lange in Wasser kochen, bis sie weich sind. Abkühlen lassen und das Wasser gut herauspressen (entweder mit der Hand oder vorsichtig mit einer Kartoffelpresse).

Während die Auberginen kochen, die Semmel in kleine Würfel und die Oliven klein schneiden. Semmelwürfel, Semmelbrösel und Oliven in Olivenöl sanft anrösten.

Knoblauch, Basilikumblätter und getrocknete Tomaten zusammen mit den ausgedrückten Auberginen im Mixer klein hacken.

Den Brei zusammen mit dem zerbröselten Frischkäse, dem geriebenen Hartkäse, den gerösteten Semmelbröseln, den Oliven und den Eiern vermengen. Mit Salz, Pfeffer und 1 bis 1 1/2 EL Olivenöl abschmecken.

Tipp: Die Eier können auch weggelassen werden. Die Füllung sitzt dann lockerer und bröseliger in der Zwiebel. Gut schmeckt auch, wenn anstelle des Basilikums mit fein gehacktem Salbei und Rosmarin gewürzt wird.

Und jetzt wird's ganz aufwändig, außer wir haben am Tag vorher Erbseneintopf verdrückt:

ERBSEN IM ZWIEBELEINTOPF

300 g getrocknete oder 200 g bereits weich gekochte Erbsen, ca. 150 g Frischkäse oder Quark, 60 g geriebener Hartkäse, Salz, Pfeffer, 1 Zweig Rosmarin, Semmelbrösel, 4 große oder 8 kleine Gemüse- oder rote Zwiebeln, 2-3 Tomaten (am besten Eiertomaten), Olivenöl, Salz und Pfeffer

Erbsen am besten über Nacht einweichen. Dann im Einweichwasser weich kochen, abseihen und im Mixer nicht zu fein pürieren. Mit dem Frischkäse (Quark) und dem geriebenen Hartkäse vermengen und mit Salz und Pfeffer abschmecken.

Tomaten überbrühen, schälen, würfeln und abtropfen lassen. Die Hälfte der Tomatenwürfel mit den Rosmarinnadeln würzen.

Zwiebeln aushöhlen und je 1 EL Erbsenmasse in jede Zwiebel einfüllen. Die mit Rosmarin gewürzten Tomatenwürfel darüber streuen und alles mit ein Paar Tropfen Öl beträufeln. Anschließend wieder Erbsenmasse darüber. Vorgang wiederholen, bis die Zwiebeln gefüllt sind. Die letzte Schicht Erbsenbrei mit Semmelbröseln bestreuen.

Zwiebel-Inneres grob hacken und in Olivenöl anbraten. Die restlichen Tomatenwürfel zu den Zwiebeln geben. Mit Weißwein aufgießen.

Gefüllte Zwiebeln in den Topf setzen und zugedeckt mindestens 1/2 Stunde schmoren lassen. Zusammen mit Kartoffeln servieren.

Gefüllte rote Zwiebeln alla Calabrese

Rote Zwiebeln, Füllung, Semmelbrösel, Olivenöl, Rotwein, ein wenig Tomatenmark

Zwiebeln unten gerade abschneiden, damit sie nicht umfallen, und mit einem scharfen Messer oder Löffel aushöhlen.

Einen Teil der ausgehobenen Zwiebeln ganz fein hacken und daraus zusammen mit den anderen Zutaten die Füllung zubereiten (siehe unten) und diese in die Zwiebeln geben.

Die Semmelbrösel über die gefüllten Zwiebeln streuen und das Ganze mit Olivenöl beträufeln.

Die Zwiebeln zusammen mit dem restlichen, fein gehackten Zwiebel-Inneren in Olivenöl anbraten, mit Rotwein ablöschen und nach Geschmack Tomatenmark in die Soße einrühren.

Das Ganze im vorgeheizten Backrohr weich schmoren (etwa 20 bis 30 Minuten). Die Zwiebel zwischendrin mit der Soße begießen.

Schmeckt sowohl als Hauptgericht mit Kartoffelbrei, Polenta oder Reis, wie auch als Beilage zu Fleischgerichten oder als warme oder kalte Vorspeise.

FÜLLUNG

Füllung alla Calabrese

3 alte Semmeln, ca. 80 g geriebener Pecorino, ca. 80 g klein gewürfelter Pecorino (oder anderer Hartkäse), 2 EL gehackte Kapern, 1 Ei, gehackte, in Salz eingelegte Sardellen, 2–3 EL fein gewiegte Kräuter (z.B. Petersilie, Basilikum, Oregano), Salz und Pfeffer, Olivenöl

Die alten Semmeln zunächst in Wasser einweichen und anschließend gut ausdrücken.

Die Semmeln klein schneiden und mit dem Pecorino, den Kapern, dem Ei, den klein gehackten Sardellen sowie mit den Kräutern und einem Teil des Zwiebel-Inneren (siehe oben) vermengen.

Die Füllmasse pikant mit Salz, Pfeffer und Olivenöl abschmecken und anschließend mit leichtem Druck in die ausgehöhlten Zwiebeln füllen.

GEFÜLLTE ZWIEBEL ALPENBLICK

5-6 alte Semmeln, 1/4 l Milch, 100 g geräucherter Speck, 1 Bund Petersilie, 2 Eier, 1 EL Mehl, Salz und Pfeffer, 4 große Gemüsezwiebeln, Butter, Olivenöl, 1Kopf Weißkraut, 1 TL Kümmel,ca. 100 ml Crème fraîche oder Sauerrahm

Semmeln klein würfeln und mit heißer Milch übergießen. Speck klein schneiden, die Hälfte der Petersilie fein hacken und zu den Semmeln geben.

Eier und Mehl verquirlen und unter die Semmel mischen. Salzen und Pfeffern, dann ca. 1/2 Stunde stehen lassen.

Diesen Speckknödelteig anschließend in die ausgehöhlten Gemüsezwiebeln füllen.

Das Zwiebel-Innere grob hacken und in einer Butter-Öl-Mischung anbraten. Gefüllte Zwiebeln darauf setzen.

Inzwischen Weißkraut grob aufschneiden und nach ca. 15 Minuten zu den Zwiebeln geben. Salzen, pfeffern, Kümmel hinzufügen und das Ganze weitere 20 Minuten schmoren lassen.

Die restliche Petersilie gehackt im Kraut verrühren, kurz anziehen lassen. Dann die Gemüsezwiebeln mit einem Klacks Crème fraîche auf dem Kraut servieren.

Wer will, kann die gefüllten Gemüsezwiebeln noch im heißen Backrohr mit der Crème fraîche überbräunen.

Den in Zwiebeln eingepackten Tiroler Suppenveteran „Speckknödel" können wir natürlich auch ohne Speck zubereiten. Anstelle des Specks können wir Käse, Pilze, Spinat, zerdrückte Rote Rüben oder auch gar nichts verwenden.

Mit der **Wegwarte** bis zum **Jahresende**

Sie ist wirklich hart im Nehmen und verträgt sogar Autoabgase. Bis jetzt wenigstens. Sie gehört zu unseren hartnäckigsten Kulturbegleiterinnen und ist dabei immer auf der Flucht. Inzwischen ist sie zum Überleben auf die exklusivsten Genbanken zur Erhaltung der Biodiversität angewiesen, auf die Straßen- und Wegränder, Pflasterritzen und Schuttplätze. Selbst an manchen Feldrainen kann man sie noch treffen, wenn die Bauern nicht bis zum letzten Millimeter rausackern.

Die Blüten der wilden Zichorie sind blau. Unübersehbare himmelblaue Sterne. Auf langen grünen Hälsen strecken sie sich schon frühmorgens der Sonne entgegen. Um rasch viel Luft, Licht und Wärme einzusammeln, drehen sie sich bis Mittag mit dem Sonnenstand. Dann klappen sie wieder zu. Für Langschläfer haben sie nichts übrig, und das ist auch der Grund, warum viele sie nicht kennen.

Wenn sie verblüht ist, ist es Spätsommer. Und wenn wir wieder beginnen, ihre Verwandten und Nachkommen zu verspeisen, die Endivie und die anderen Bittersalate, ist es Herbst. Ihr Erscheinen in der Salatschüssel markiert die Wende.

Als farblich eindrucksvolle Ouvertüre zum herbstlichen Menü reichen wir deshalb zur Vorspeise gebeizten Radicchio, einen direkten Nachfahren der Gemeinen Wegwarte.

jetzt wirds herbstlich

ein begrüßungsmenü

Gebeizter Kardinal

1 fester Kopf Radicchio, Rotweinessig, Salz, Pfeffer, Olivenöl

Radicchio achteln. Die Achtel etwa 4 Minuten in kochendem Essigwasser blanchieren.

Gut abtropfen lassen, salzen, pfeffern und mit Olivenöl überdecken.

Mindestens 24 Stunden an einem kühlen Ort beizen lassen. Mit Brot servieren.

Übrigens: Durch das Beizen verfärben sich die Blätter in ein wunderbares Altrosa, das sich bei den Blattrippen zum Herz hin verflüchtigt und verblasst. Die warmen Rottöne erinnern an die Kardinalsroben auf den Gemälden von Tiziano Vecellio, wie italienische Herrenschneider behaupten.

Pestonocken mit Löwenzahn- oder Wegwartensalat

300 g gekochte Kartoffeln, ca. 150 g feiner Weizenschrot, 1-2 EL Pesto, 1 Ei, Salz, Mehl, 1-2 EL Tomaten- oder anderes Gemüsepüree, ca. 300 g Löwenzahn- oder Wegwarteblätter (Achtung: sehr bitter!),10-15 Kirschtomaten (oder 2 schöne reife Tomaten), Olivenöl, Weißweinessig, Salz und Pfeffer, Olivenöl oder Kokosfett

Kartoffeln zerstampfen. Mit geschrotetem Getreide, dem Pesto (fertiges oder wie auf Seite 58 zubereitet), dem verschlagenen Ei und Salz zu einem formbaren Teig mischen. Wenn nötig Mehl einarbeiten.

Den Teig auf einer bemehlten Fläche zu Talern oder Nocken ausformen und mit dem Daumen auf der Oberfläche eindellen. Jede Delle jeweils mit 1 TL Gemüsepüree einstreichen.

Löwenzahnblätter und halbierte Kirschtomaten mit Essig und Öl anmachen. Salzen und pfeffern.

Die Nocken in Öl oder Kokosfett bei schwacher Hitze langsam im Rohr ausbacken. Auf dem Salat anrichten.

Variante: Statt fertiges Pesto zu verwenden, 2 EL fein gehacktes Gemüse (Knoblauch!) mit Olivenöl, 1 bis 2 EL fein geriebenem Käse und 1 EL getrocknetem Basilikum mischen und alles in den Kartoffelteig einarbeiten.

Tipp: Falls nicht als Beilage gedacht, den Löwenzahnsalat auf heißen Brotscheiben anrichten. Ein fester Frischkäse passt gut dazu.

HOLLERRESL MIT GRIESSKNÖDELN

500 g Holunderbeeren, 1 Birne und/oder 1 Apfel, einige entsteinte Zwetschgen, Wasser
Honig oder Zucker, 1 EL Mehl, etwas Milch

Hollerbeeren waschen, Birnen und Äpfel schälen, entkernen und in Schnitze schneiden.

Obst und Holunder in wenig Wasser etwa 20 Minuten köcheln lassen. Nach Geschmack zuckern.

Mehl mit wenig Milch glatt und in das Kompott einrühren.

Das Hollerresl kurz aufkochen und eventuell nachzuckern. Schmeckt warm wie kalt ausgezeichnet.

Das Hollerresl ist ein allmählich aussterbendes Gericht, das ähnlich unbemerkt verschwindet wie der Hollerbusch aus den Gärten. Überall wuchs früher der Holler, hinterm Haus, neben dem Hühnerstall, am Komposthaufen. Seit der Entwicklung unserer Gärten zu Freizeitparks führt er oft nur noch als naturnahes Heckenelement ein einsames Leben. Eigentlich schade. Nicht nur, weil es sich bei den schwarzen Beeren immer noch um ein natürliches Functional Food der Volksmedizin handeln könnte – Hollersaft wirkt antibakterizid und fiebersenkend – sondern weil die vielen schwarzen Beeren auch wichtig sind als Winternahrung vieler Vogel- und Kleintierarten. Auch wenn der Holler keine gefährdete Pflanzenart ist, so bedroht doch sein Rückzug aus den Gärten die Nahrungsgrundlagen dieser Arten. Vielfalt und Artenreichtum braucht Holunder. So gesehen sind Hollerbüsche auf den Banken genetischer Vielfalt dicke Depots, die zusätzlich die Aussicht auf den Gewinn vieler Hollerresl eröffnen, welche künftig unsere Nachtische wieder als gesundes Kompott begleiten.

GRUNDREZEPT

GRIESSKNÖDEL

500 g Quark, 100 g Grieß (Weizen- oder Dinkel), 2 Eier, 1 Prise Salz, Butter,
Semmelbrösel, eventuell Mohn, Mascobado-Vollrohrzucker

Quark, Grieß und die verschlagenen Eier und so viel Semmelbrösel vermengen, dass ein formbarer Teig entsteht. Leicht salzen und mindestens 20 Minuten ruhen lassen.

Knödel oder Nocken formen und in schwach siedendes Wasser einlegen. Sobald die Knödel hochkommen, sind sie fertig. Vorsicht: Wasser darf nicht sprudelnd kochen. Topf nicht zudecken!

Butter zerlassen und Semmelbrösel (oder Mohn) anrösten, 1 EL Zucker dazugeben.

Knödel auf die Teller verteilen. Die heiße Butter-Semmel- (oder Butter-Mohn-) Röstung darüber verteilen.

BITTERKEIT

Löwenzahn ist ebenfalls ein naher Verwandter der „Cicoria", der Wegwarte. Wir verwenden ihn hier anstelle der sehr bitteren (und sehr kleinen) Blätter der Wildzichorie, die für viele Gaumen eine Zumutung sein dürften. Im Süden dagegen wird sie immer noch gerne gesammelt, gekocht oder als Salat angemacht.

Ähnlich wie mit der Vorliebe für das Scharfe hat sich in den Mittelmeerländern mit dem Gefallen am Bitteren eine nicht nur kulinarische, sondern auch verdauungsfördernde Tradition von hohem gesundheitlichen Wert erhalten. Da gibt es die Wegwarte geschmort zum Lamm, mit Eiern zu Omelettes verbacken, oder „Cicoria selvatica" mit Bohnen.

Der Bitterstoff Intybin gilt anerkannt als besonders wertvoll. Er hilft bei der Verdauung, wirkt stimulierend auf den ganzen Stoffwechsel, unterstützt Leber, Galle, Bauchspeicheldrüse, Darm und Blutgefäße. Deshalb und aufgrund ihrer beachtenswerten Gehalte an Mineralien sowie an B- und C-Vitaminen gelten die Bittersalate als eines der gesündesten Gemüse überhaupt.

Warum uns der Appetit auf das Bittere so ganz vergangen ist, dürfte seinen Grund unter anderem in der modernen Pflanzenzüchtung haben. Nur bitterstoffarme Sorten können massenhaft verkauft werden. Alles andere ist unrentabel, fällt aus dem Sortiment und gibt's einfach nicht mehr. Die heute handelsüblichen Sorten von Radicchio, Endivie, Zuckerhut oder auch Löwenzahn sind daher dank langjähriger Zuchtleistung ebenso erfolgreich entbittert wie unser Geschmacksempfinden.

Dem Millionenheer verdauungsgestörter und chronisch verstopfter Mitbürger können wir neben dem Verzehr von bitterer Zichorie als Nachspeise noch eine bayrische Resl aus schwarzen Hollerbeeren empfehlen. Zusammen mit reichlich Pektin aus Äpfeln und Birnen sorgen die Stoffe des Holunders für enorme Schubkraft, um befreit und aktiv in den Herbst zu starten.

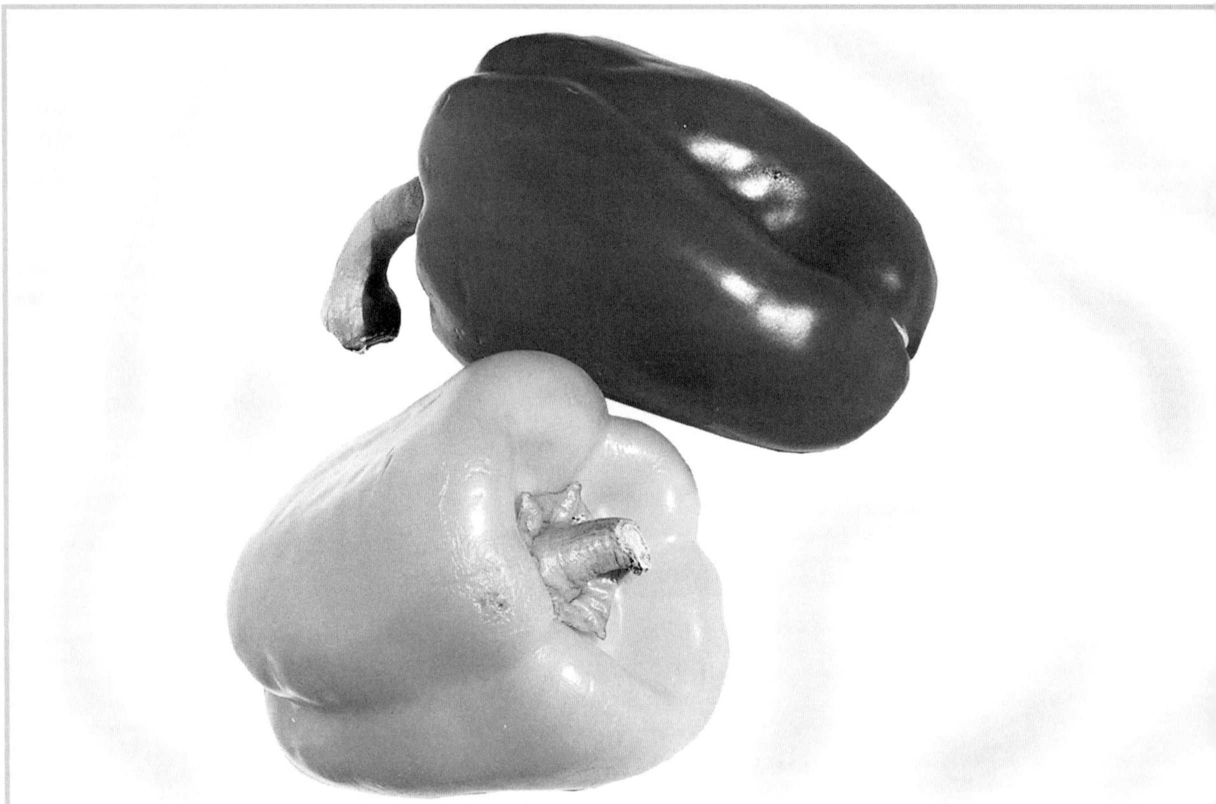

PAPRIKA, VITAMINE UND LAND UNTER

Paprikaesser werden uralt. Sie leben in Ungarn und anderen sagenumwobenen Ländern, sind bis zum Schluss geistig fit, leistungsfähig, sexuell neugierig, munter und ausgeglichen. Das kommt natürlich vom vielen Vitamin C, das sie in großen Mengen aufnehmen.

Außerdem verfügt der Paprika über eine außerordentliche Dosis an Vitamin P, so viel übrigens, dass es sogar nach ihm benannt wurde. Dieses Vitamin reguliert die Durchlässigkeit der kapillaren Blutgefäße und den Blutdruck.

Wichtige Mineralstoffe, Provitamin A, B-Vitamine und das antörnende Capsaicin (siehe auch Seite 117) gibt's ebenfalls in rauen Mengen. Außerdem ist Paprika knackig, frisch und schmeckt süß bis scharf.

Knallgelb, tiefrot, dunkelgrün und orange setzt er in der Salatschüssel und sogar im braunen Herrengulasch leuchtende Akzente. Selbst Kids und ihre Eltern sind begeistert; problemlos fügt der Paprika sich ein in Farbausstattung und Design moderner Kinderzimmer.

Lauter Vorteile, lauter Superlative, lauter gute Gründe, um jeden Tag Paprika zu essen. Was auch viele tun. Aber weil er bei uns eigentlich nur im Spätsommer und Herbst ausreift, verschwinden andernorts immer größere Anbauflächen unter Plastik. Im Süden Spaniens, aber auch

in Süditalien und Griechenland sind es ganze Landschaften; über 35 000 Hektar etwa in der Provinz Almería, einem einst wunderbaren Landstrich an der Küste Andalusiens. Auf diesen Flächen produziert Spanien Paprika, Tomaten und Gurken, die drei Top Ten der Fruchtgemüse, für den deutschen Markt.

Der Mix aus Plastik und der billigen Arbeitskraft nordafrikanischer Emigranten, die häufig nachts unter Lebensgefahr die Straße von Gibraltar überqueren, kommt bei uns gut an. Täglich, stündlich, lastzugweise. Hinter sich lassen die Lkw's eine Unmenge von Plastikmüll und hohe Verbrennungsemissionen, mit Substrat-Abfall zugefüllte und verseuchte Strände und Bodensenken, überstrapazierte Bewässungssysteme und mit Pestiziden verdrecktes Grundwasser, kurz: eine ruinierte Landschaft.

Kein Wunder, dass der Paprika längst seine Glaubwürdigkeit als allgegenwärtiger Gesundheitsapostel verloren hat. Als im Frühjahr 2002 die Lebensmittelüberwachung von Baden-Württemberg Gemüsepaprika untersuchte, waren 78 % der Proben mit Schadstoffen über den Grenzwerten belastet und nicht verkehrsfähig (aber längst verkauft und gegessen). In den Proben wurden insgesamt 43 verschiedene Insektizide und Fungizide festgestellt. Solche Rückstandsprobleme werden aber oft auf einfache Weise gelöst: so wurden von der Bundesregierung im gleichen Zeitraum auf Betreiben spanischer Exporteure die Grenzwerte von zwei chemischen Pflanzenschutzmitteln nach oben korrigiert. So leicht kommt die Welt wieder in Ordnung.

Dennoch ist Paprika an und für sich außerordentlich gesund. Aber essen sollten wir ihn, wie jedes Gemüse, vor allem dann, wenn er aus biologischem Anbau stammt und Saison hat. Die vor Gesundheit strotzenden Piroschkas und Julischkas haben es ja auch nicht anders gemacht und wurden uralt dabei. Den Winter über gab's Kraut, Knoblauch und Rüben, im Sommer aber stürzten sie sich auf den Paprika. Genauso wie wir jetzt.

PAPRIKAGEMÜSE MIT KNOBLAUCH

3–4 große Paprikaschoten (Farbe nach Belieben, am schönsten gemischt), Olivenöl, 4–5 Knoblauchzehen, Salz, Pfeffer, Balsamico-Essig, gehackte Petersilie, Zitronensaft

Paprika in Stücke brechen und waschen. In einer Bratreine Olivenöl erhitzen und den Paprika kurz anbraten.

In Scheiben geschnittenen Knoblauch dazugeben und kurz mitbraten. Salzen, pfeffern und mit Balsamico-Essig abschmecken.

Im heißen Rohr etwa 20 Minuten backen. Immer wieder durchschaufeln.

Auf einer Platte anrichten und mit dem Bratsud übergießen. Mit gehackter Petersilie bestreuen und mit Zitronensaft beträufeln.

Kann als Vorspeise mit geröstetem Brot oder als Beilage serviert werden.

Wer will und viel Zeit hat kann, wie in jedem italienischen Kochbuch empfohlen, die Paprikaschoten über der Gasflamme rösten, bis sie Blasen werfen, dann 15 Minuten zugedeckt in einer Plastiktüte ruhen lassen, anschließend schälen, hartnäckige Flecken abkratzen und erst dann braten oder schmoren.

PAPRIKA IN TOMATENSOSSE

2–3 grüne Paprikaschoten, 2–3 Knoblauchzehen, Olivenöl, 5–6 reife Tomaten oder 1 Glas gehackte Tomaten (400 ml), Salz und Pfeffer

Den Paprika in Stücke brechen und in Olivenöl anbraten. Den klein geschnittenen Knoblauch dazugeben und kurz mitbraten.

Die Tomaten heiß überbrühen, schälen und klein hacken (oder Tomaten aus dem Glas verwenden). Zum Paprika geben.

Alles salzen und pfeffern und so lange köcheln lassen, bis die Paprikaschoten weich sind. Passt zu Nudeln, Reis und Polenta.

Nach Geschmack kann diese Grundsoße natürlich variiert, also z.B. mit Rosinen geschmort und mit Essig abgeschmeckt werden. Oder man kocht sie wie ein Letscho mit Zwiebeln und scharfer Wurst. Schmeckt auch kalt.

Paprika mit Bratkartoffeln

500 g vorwiegend fest kochende Kartoffeln, Olivenöl oder Butterschmalz oder Butter-Öl-Mischung, 500 g grüne Paprikaschoten, Salz, Pfeffer

Kartoffeln schälen (neue Kartoffeln nicht) und in Scheiben schneiden. Öl in einer Pfanne erhitzen und die Kartoffeln bei sanfter Hitze unter regelmäßigem Umschaufeln weich braten.

Inzwischen die Paprikaschoten in breite Streifen schneiden und in einer separaten Pfanne ebenfalls weich braten.

Am Schluss Kartoffeln und Paprika mischen, alles salzen und pfeffern.

Kann man zusammen mit Salat als eigenständiges Essen servieren. Passt auch zu gebratenem Fleisch, Eierspeisen und dergleichen.

Türkische Paprikaschoten mit Quark

3 grüne Paprikaschoten, Oliven- oder Sonnenblumenöl, ca. 250 g Quark, Salz, scharfes Paprikapulver

Paprikaschoten in kleine Stücke schneiden und in Öl ca. 10 Minuten braten.

Quark dazugeben und das Ganze unter Rühren so lange braten, bis alles gut vermischt ist. Salzen und mit Paprikapulver bestreuen.

Klassisch zur Vorspeise mit Brot, aber auch zu Bratkartoffeln servieren.

Pan cotto mit scharfen Paprikaschoten

50 g Lauch, 4-5 scharfe grüne Spitzpaprika, Olivenöl, Wasser, 4 Eier, Salz, 1/2 Bund Petersilie, 200 g trockenes Weißbrot in Scheiben

Lauch in Ringe, Paprika in mundgerechte Streifen schneiden. Öl erhitzen, Lauch und Paprika darin leicht anbräunen und alles mit etwa 1 Liter Wasser auffüllen.

Die Eier unter schnellem Rühren in die kochende Brühe schlagen, salzen und die gehackte Petersilie einstreuen.

Teller mit den Brotscheiben auslegen und die kochende Brühe mit dem Gemüse darüber gießen. Sofort servieren.

Vitamine statt Vollzug

Britischen Forschern gelang es in einer Jugendstrafanstalt, das „asoziale" Verhalten der Häftlinge durch besonders vitaminreiche Kost zu reduzieren. Die eine Hälfte der insgesamt 230 Jugendlichen erhielt zusätzlich zum Essen noch Vitaminpillen. Bei der „Pillengruppe" wurde über einen Zeitraum von neun Monaten ein Rückgang der Strafverstöße um 25 % und bei den gewaltsamen Verstößen sogar um 40 % festgestellt.

Was für die Wissenschaftler ein verblüffendes Fazit war, nämlich dass der Verzehr von vitaminreicher Kost die Neigung zu Gewalt und Aggression mindert, ist aber ein alter Hut. Selbstverständlich beeinflußt die Ernährung den psychischen Haushalt. Wer an einem Mangel leidet ist unausgeglichen, ausgelaugt und reagiert aus verständlichen Gründen leicht gereizt und genervt. Während Menschen, die gut mit Vitaminen und allen anderen wichtigen Nährstoffen versorgt sind, ein Herz wie Paprika haben. Das hat doch schon Peter Alexander – oder war's Marika Röck? – festgestellt!

Leicht vorstellbar, wie nett und friedlich die jugendlichen Häftlinge geworden wären, wenn die Forscher nicht nur Pillen, sondern anständiges Essen verteilt hätten. Nicht isolierte, sondern richtige Vitamine, verpackt in Paprika, Tomaten oder Äpfel zum Beispiel. Die Wirksamkeit der Vitamine in ihren natürlichen Verbindungen ist schließlich um ein Vielfaches höher als die von Vitamintabletten, wie andere Forscher aus New York herausfanden. Sogar bei einer Allerwelts-Apfelsorte, dem Red Delicious, ermittelten sie einen um das 260fache höheren Gesamtgehalt an Antioxidantien, als sich durch seinen Vitamin-C-Gehalt erklären ließ. Und um diese Antioxidantien geht's. Sie schützen unsere Zellen am wirksamsten vor dem Angriff der freien Radikale, vor frühzeitigem Verschleiß und Entzündungen. Beim Vitamin P im Paprika handelt es sich übrigens auch um Flavone, also jene Antioxidantien, die uns als knallige Farbstoffe mächtig beeindrucken.

Warum also Pillen? Und nicht einfach Paprika und Äpfel? Wahrscheinlich entspräche das nicht seriöser wissenschaftlicher Praxis. Und warum einfach, wenn's auch kompliziert geht.

Gebackene Nudeln mit Paprika und Basilikum

2 Tomaten, 2 gelbe oder grüne Paprikaschoten, 1 Bund frisches Basilikum (oder 1 EL getrocknetes), 3 Eier, 1 Becher Sauerrahm, ca. 200–300 g fertig gekochte Nudeln (eventuell Rest vom Vortag), Salz, Pfeffer, 1–2 Knoblauchzehen, Butter, 2–3 EL Semmelbrösel, 2–3 EL geriebener Parmesan oder anderer Hartkäse

Tomaten in kochendem Wasser kurz brühen, abschrecken, häuten und klein würfeln. Paprikaschoten ebenfalls in kleine Würfel schneiden. Basilikum klein schneiden.

Eier in eine Schüssel aufschlagen, den Sauerrahm dazugeben und alles mit dem Schneebesen gut verrühren (oder mit dem Milchcreamer aufschäumen). Je mehr Luft in die Masse kommt, desto lockerer wird der Auflauf.

Die Nudeln, gewürfelte Tomaten und Paprika und das Basilikum dazugeben und alles gut vermischen. Mit Salz, Pfeffer und zerdrücktem Knoblauch würzen.

Die Masse in eine mit Butter ausgestrichene Auflaufform geben und glatt streichen. Semmelbrösel mit dem geriebenen Käse mischen und darüber streuen. Butterflöckchen auf dem Auflauf verteilen.

Das Ganze im vorgeheizten Backrohr so lange backen, bis die Masse gestockt und die Semmelbrösel-Käse-Kruste leicht angebräunt ist.

Als Hauptgericht mit Salat servieren oder als Vorspeise kalt in Quadrate oder Dreiecke geschnitten reichen.

Gefüllte Spitzpaprika in gehackten Tomaten

4 Paprikaschoten, 5 Tomaten, Olivenöl, Salz und Pfeffer

Die Füllung wie auf der nächsten Seite beschrieben zubereiten.

Die Paprikaschoten vom Stiel her der Länge nach halbieren und die Füllung eben einstreichen.

Frische Tomaten über Kreuz leicht einschneiden und kurz in kochendes Wasser legen. Herausnehmen, abschälen und hacken (oder fertige Tomatenpolpa aus der Dose verwenden).

Einen guten Schuss Olivenöl in die Bratreine geben, dann die gehackten Tomaten dazu. Salzen und pfeffern.

Die gefüllten Paprikaschoten der Reihe nach auf den Tomatensugo setzen und das Ganze im vorgeheizten Backrohr gut 1/2 Stunde backen.

Wichtig: Die Oberfläche der Füllung während des Backens zwei- oder dreimal mit Olivenöl (am besten mit dem Öl-Tomaten-Sugo) beträufeln oder gut einpinseln.

Die gefüllten Paprika schmecken warm als Hauptspeise. Passende Beilagen: Kartoffelpüree, Polenta oder Reis. Sehr gut eignen sie sich auch kalt als Vorspeise oder zum Abendessen.

FÜLLUNG

Paprika-Füllung

3 altbackene Semmeln, Olivenöl, ca. 150 g halbfester Kuhmilch-Schnittkäse (oder 1 Kugel Mozzarella), 1 Bund Petersilie, 1–2 Knoblauchzehen, 1 Ei, Salz und Pfeffer, ca. 100 g frisch geriebener Parmesan (oder anderer alter Hartkäse)

Eine Semmel in Wasser einweichen, die anderen zu Semmelbröseln reiben und in einer Pfanne mit Olivenöl anrösten.

Den Schnittkäse in kleine Würfel schneiden und die Petersilie und den Knoblauch fein hacken.

Die eingeweichte Semmel sehr gut ausdrücken. Jetzt alle Zutaten vermischen und mit Salz und Pfeffer und – je nach Geschmack – mit mehr oder weniger Parmesan abschmecken.

Tipp: Wer will, kann auch noch 1 EL gehackte Oliven dazugeben und/oder Schinken, Speck oder Bratenreste würfeln und in die Füllung einarbeiten. Gut schmecken auch klein gehackte Sardellen und Kapern darin.

Übrigens, je knalliger und glänzender das Rot, Gelb oder Orange des Paprikas, um so vitaminreicher ist er. Am wenigsten enthält der grüne Paprika, der eigentlich noch nicht ausgereift ist, aber bei unseren Temperaturen auch nur selten dazu kommt. Während ausgereifter roter Tomatenpaprika ca. 400 mg Vitamin C pro 100 g essbarem Anteil aufweist, bringen es die grünen gerade mal auf 100 bis 150 mg, was allerdings immer noch Spitze ist. Broccoli, Grün- oder Rosenkohl, die nach dem Paprika als die Vitamin-C-reichsten Gemüse gelten, enthalten gerade mal 100 bis 120 mg.

Wenn er schon so viele Vitamine hat, dann sollten wir sie nicht alle verschmoren, sondern möglichst viel Paprika roh knabbern. Aber immer ein bisschen Fett dazu, damit wir mit den fettlöslichen Vitaminen auch was anfangen können! Also Paprika in den Salat mit Öl, oder zum Käse und Butterbrot. Oder ein erfrischendes kaltes Süppchen zwischendrin wie z.B.:

Paprikapüree mit Knoblauch und Öl

Paprikaschoten, Knoblauchzehen, Salz, Pfeffer, Sonnenblumen- oder anderes Öl

Paprikaschoten zusammen mit Knoblauchzehen (nach Belieben) im Mixer pürieren.

Salzen, pfeffern und mit Öl beträufeln.

AUBERGINENKÜCHE FÜR WAHNSINNIGE

Gesund, aber wenig nahrhaft ist die Aubergine. Was für kalorienbewusste Menschen ein Vorteil sein könnte, aber nicht unbedingt ist.

Schließlich schmeckt sie erst richtig gut, wenn sie in Öl gebraten, gebacken oder geschmort wird. Unter ihrer Schale, die man immer mitessen sollte, stecken Carotine, jede Menge B-Vitamine und Vitamin C. Bei Rheuma und Diabetes ist sie zu empfehlen, und wegen ihrer schleimlösenden Wirkung bei Asthma und Bronchitis sowieso. Außerdem stärkt sie die Nerven.

Allerdings wird man vom Verzehr der Auberginen wahnsinnig. Das wurde bereits in wissenschaftlichen Arbeiten aus dem 13. Jahrhundert von einem Mediziner namens Taddeo di Alberotto aus Florenz schlüssig nachgewiesen. Einer seiner Schüler verspeiste im riskanten Selbstversuch tagelang exquisite Melanzane-Zubereitungen, nur um die Behauptung seines Lehrer zu widerlegen. Vor lauter bösem Spott soll er sogar seinen nackten Hintern hingehalten haben, um mit diesem drastischen Bild die Seriosität des Hochschullehrers öffentlich herabzuwürdigen. Ungewollt erbrachte er auf diese Art aber endgültig den wissenschaftlichen Beweis für die Behauptung, dass der Verzehr von Auberginen krankhafte Veränderungen im Gemütsleben und im Kopf bewirkt.

Also Vorsicht mit den leckeren Auberginen! Nicht dass wir am Ende nur noch essen, was uns schmeckt, und nicht was die Forscher für uns erfinden und die Ernährungspäpste für richtig halten, wie neuerdings etwa Retortenfleisch. Womöglich werden wir dann auch als Irre abgestempelt.

Wie verrückt einen die Auberginen machen können, zeigen ja auch die alten türkischen Auberginengerichte, wie „Imam bayildi", was manchmal so ähnlich wie „der Imam fällt in Ohnmacht" übersetzt wird, oder „Hünkar begendi", was bedeutet, dass der Sultan während des Genusses eines Auberginenbreis in ein Stadium der Verzückung entrückt wurde. Weniger bekannt als diese türkischen Klassiker der Seratoninausschüttung, dafür einfacher in der Herstellung ist eine Variante marinierter und gebackener Auberginenschnitzel aus meinem Umfeld (siehe nächste Seite).

Sophia fällt in Ohnmacht

1–2 mittlere Auberginen, Salz, Olivenöl, 1 Paprikaschote, 1 Zwiebel, 2–3 Knoblauchzehen, 1 Tomate oder 1 Handvoll Cherrytomaten, Pfeffer, guter Weinessig oder Balsamico-Essig, Zitronensaft, frisches Basilikum

Die Auberginen am besten mit der Brotmaschine der Länge nach in Scheiben von etwa 1/2 cm Dicke schneiden.

Die Scheiben mit Salz bestreuen und mindestens 10 Minuten liegen lassen. Dann trockentupfen und beidseitig in Olivenöl anbraten.

Paprikaschote und Zwiebel in ganz feine Ringe (oder kleine Würfel), Knoblauch in feine Scheiben schneiden.

Tomate in kochendem Wasser kurz blanchieren, häuten und würfeln (Cherrytomaten nur halbieren).

Paprika, Knoblauch und Zwiebelringe in Olivenöl kurz dünsten und dann vom Herd nehmen. Tomaten dazugeben, salzen und pfeffern und mit wenig Essig und Zitronensaft abschmecken.

Die Auberginenscheiben dachziegelartig auf einem feuerfesten Teller oder einer Reine auslegen. Die Paprika-Zwiebel-Mischung darüber verteilen und im Backrohr ca. 15 Minuten bei mittlerer Hitze backen.

Vor dem Servieren klein geschnittenes Basilikum über die Auberginen verteilen.

Schmeckt am besten lauwarm. Als Vorspeise oder als Imbiss mit Brot servieren.

Die Zubereitung der Aubergine ist keine Kunst. Nur immer gut durchbraten und -backen soll man sie, damit sie sich nicht glasig beißt und grasig schmeckt. Knoblauch und Öl wirken Wunder, genauso wie Schokolade und Zimt.

Aubergine gegrillt oder gebacken

Aubergine, Salz, Olivenöl, Zitrone

Aubergine auf dem Grill (mehrmals drehen) so lange rösten oder im Backrohr backen, bis sie durch und durch weich ist (Gabelprobe).

Stiel abschneiden und die Aubergine schälen, in Stücke schneiden und auf einem vorgewärmten Teller anrichten.

Mit Salz bestreuen und mit reichlich Olivenöl und Zitronensaft beträufeln. Am besten mit geröstetem Brot servieren.

Dies ist eine der besten und kunstvollsten Arten der Zubereitung. Wer will, kann die Aubergine natürlich auch noch mit gemahlenem Pfeffer bestreuen oder das Öl mit zerquetschtem Knoblauch parfümieren. Aber erst einmal pur, nur mit Öl und Salz, probieren.

AUBERGINE MIT MINZE

1 große Aubergine, Salz, Pfeffer, 2 EL Semmelbrösel, 2 EL geriebener Parmesan und/oder alter Bergkäse, Olivenöl, 1–2 Knoblauchzehen, eventuell 1 Peperoni, 2–3 Zweige Pfeffer- (oder andere) Minze

Aubergine in 1/2 Zentimeter dicke Scheiben schneiden. In sprudelndem Wasser ca. 2 Minuten kochen, dann abgießen. Die Auberginenscheiben salzen und pfeffern.

Semmelbrösel und Käse vermischen und die Auberginen beidseitig darin wenden.

Öl erhitzen und den feinblättrig geschnittenen Knoblauch sowie, falls sie verwendet wird, die klein geschnittene Peperoni darin anbraten, bis der Knoblauch leicht Farbe annimmt.

Knoblauch und Peperoni herausfischen und zur Seite stellen. Die Auberginenscheiben in dem aromatisierten Öl beidseitig schön goldgelb ausbacken. Zum Schluss die klein gehackte Minze kurz dazugeben.

Wer will kann die Scheiben auf saugfähigem Küchenpapier entfetten.

Auberginen auf einem Teller anrichten und mit dem gebratenen Knoblauch und den gebratenen Peperoni bestreuen. Mit Brot als Vorspeise servieren.

MARINIERTE AUBERGINENSCHEIBEN

Auberginen, Salz, Petersilie, Salbei, Oregano, Rosmarin, Olivenöl, Zitrone, Pfeffer nach Belieben

Auberginen in 1/2 cm dicke Scheiben schneiden, leicht salzen und ca. 10 Minuten ziehen lassen.

Inzwischen die Kräuter fein wiegen und mit Öl und Zitronensaft verrühren. Die Marinade pfeffern und leicht salzen.

Die Auberginen abtupfen und mit der Marinade bestreichen. Vor dem Grillen mindestens 10 Minuten ziehen lassen.

Die Scheiben auf dem heißen Grill beidseitig weich grillen.

Wer keinen Balkon oder kein schönes Wetter zum Grillen hat, kann die Auberginen auch auf dem Backblech im Rohr backen. Gegrillte oder gebackene Auberginen schmecken gut zum Brot und können auch noch am nächsten Tag kalt anstelle von Wurstscheiben in die Stulle gelegt werden.

Spaghetti alla norma

Diese Pasta gilt als eines von mehreren Nationalgerichten Siziliens. Es handelt sich um eine Breitbandpasta, die mit den verschiedensten Zutaten bestens variiert werden kann, was aber sizilianische Puristen rigoros ablehnen. Um hier nicht zwischen die Fronten rivalisierender Familien zu geraten, zunächst eins von hunderten echter Originalrezepte:

500 g Spaghetti, 1 große Aubergine, Salz, Olivenöl, Knoblauch, Pfeffer, 100-200 g Ricotta

Spaghetti kochen. Inzwischen die Aubergine in kleine Würfel schneiden, salzen, etwa 5 Minuten ziehen lassen und mit der Hand ausdrücken.

Öl erhitzen und die Würfel schön braun braten. Den kleinblättrig geschnittenen Knoblauch etwas später dazugeben, damit er nicht braun und bitter wird. Vorsichtig salzen und pfeffern.

Spaghetti auf den Tellern verteilen, ein paar Löffel Ricotta über die Nudeln und darüber die Auberginenwürfel streuen.

Wirklich guter Ricotta (aus Schafs- oder Ziegenmilch) ist bei uns kaum zu haben. Wir erlauben uns deshalb die Verwendung von gutem Kuhmilchquark. Den Nachholbedarf an mediterraner Geschmacksfülle decken wir mit bayrischen Zwiebeln und Tomaten, mit Basilikum und geriebenem Käse. Das schmeckt zwar nicht mehr ganz wie das Original, aber da es auch in Sizilien eine „Pizza bavarese" mit Würsteln gibt, die nicht annähernd so bayrisch schmeckt wie unsere Spaghetti sizilianisch, lassen wir uns die Freude an unserer Quarkpasta nicht verderben.

Spaghetti mit Auberginen, Quark und Kräuteröl

Zutaten wie beim vorherigen Rezept, nur anstelle des Ricotta guten Speisequark verwenden; außerdem: 2-3 Tomaten, 1/2 Bund Basilikum, 1/2 Bund Petersilie und andere Kräuter wie Thymian, Majoran etc., eventuell 60-80 g Parmesan

Aubergine wie oben würfeln und mit Knoblauch braten.

Tomaten heiß überbrühen, Haut abziehen, würfeln, zu den Auberginen geben und ein paar Minuten mitschmoren lassen.

Die Kräuter zusammen mit 1/2 Tasse Olivenöl im Mixer klein hacken. Salzen und pfeffern.

Heiße Spaghetti in die Teller verteilen und nach Belieben mit 1 gehäuften EL geriebenem Käse vermengen.

Auberginenwürfel über die Nudeln geben, dazu 1 bis 2 EL Quark sowie einen Schuss Kräuteröl.

AUBERGINENBRATEN MIT GERSTE

200 g Nackt- oder Rollgerste, Olivenöl, 1 Glas Weißwein oder Wasser, 3 mittelgroße Auberginen, Salz und Pfeffer, 3-4 Knoblauchzehen, 3 Eier, 100 g geriebener Hartkäse, Pfeffer, Petersilie, Majoran oder Basilikum, 4-5 gehackte Tomaten (oder Tomaten aus Glas oder Dose), 2 Zwiebeln, 10-12 schwarze Oliven

Gerste grob schroten und in Olivenöl leicht anrösten. Mit 1/4 Liter Flüssigkeit (Wein oder Wasser) löschen und unter Rühren eindampfen lassen.

So viel Wasser dazugeben, dass die Gerste bedeckt ist. Mindestens 1/2 Stunde quellen lassen. Anschließend unter Rühren zu einem festen Brei trockenbraten.

Die Auberginen weich kochen, auspressen und pürieren (siehe Auberginenknödel nächste Seite). Salzen, pfeffern, zerdrückten Knoblauch dazugeben und alles, zusammen mit den verschlagenen Eiern und dem Käse, mit der Gerste vermengen.

Mit Salz, Pfeffer, Petersilie, Majoran (oder Basilikum) abschmecken. Einen Braten daraus formen.

Tomaten überbrühen, schälen und hacken, Zwiebeln achteln. In einer Bratreine Olivenöl erhitzen, die gehackten Tomaten und die Zwiebeln dazugeben, salzen und pfeffern und den Braten hineinsetzen.

Im vorgeheizten Rohr ca. 40 Minuten backen. Immer wieder die Flüssigkeit kontrollieren, eventuell ein wenig Wasser angießen und den Braten zwischendurch mit Olivenöl einstreichen.

Gut schmeckt dazu Salat und:

GRUNDREZEPT

BRATKARTOFFELN

ca. 800 g Kartoffeln, Olivenöl, 2-3 Zweige Rosmarin oder 1 Bund Bohnenkraut, Salz und Pfeffer

Kartoffeln vierteln oder achteln. Falls Frühkartoffeln verwendet werden, nicht schälen.

Ein Backblech mit Olivenöl beträufeln und die Kartoffeln darauf verteilen. Das Blech ins vorgeheizte Backrohr (z.B. zum Gersten-Auberginen-Braten) schieben und ca. 20 bis 25 Minuten backen, bis sie gar sind.

Etwa 10 Minuten vor Ende der Garzeit die Rosmarinnadeln über die Kartoffeln streuen, salzen und pfeffern.

Falls anstelle des Rosmarins Bohnenkraut verwendet wird, dieses erst 5 Minuten vor Schluss dazugeben.

Tipp: Zusammen mit den Kartoffeln 1 bis 2 geachtelte Fenchelknollen mitbraten.

Auberginenknödel

ca. 1 kg Auberginen, Salz, 1–2 Knoblauchzehen, 1/2 Bund Petersilie, 2 Eier, ca. 50 g geriebener Hartkäse, Semmelbrösel, Pfeffer, Olivenöl

Stiele von den Auberginen abschneiden und die Auberginen in gesalzenem Wasser weich kochen. Dann abkühlen lassen und mit der Hand oder einer Kartoffelpresse gut ausdrücken.

Die Auberginen im Mixer zusammen mit dem Knoblauch und der Petersilie klein hacken.

Auberginenmasse mit den Eiern, dem Käse und so viel Semmelbröseln vermengen, dass ein weicher, aber noch gut formbarer Teig entsteht. Daraus kleine Knödel oder Klopse formen.

Olivenöl in der Pfanne erhitzen und die Knödel rundum braten, bis sie schön braun sind. Das Ganze in einer guten Tomatensoße (siehe Seite 30) servieren.

Diese „Polpette di Melanzane" erinnern geschmacklich an bayrische Leberknödel, wenn sie – wie in manchen Regionen üblich – gebacken werden. Man kann sie statt mit Tomatensoße mit Sauerkraut servieren, das man in Süditalien als Zutat zu diversen Vorspeisen wie gefüllten Muscheln, gegrillten Krebsen und Gemüse schätzt.

Gefüllte Aubergine

4 nicht zu große Auberginen, Olivenöl, etwa 1/4 l Tomatensoße

Zunächst den grünen Kragen von den Auberginen abschneiden, die Stiele aber stehen lassen.

Öl in einer Reine erhitzen und die Auberginen von allen Seiten anbraten. Abkühlen lassen.

Jede Aubergine mit einem vorsichtigen, tiefen Schnitt der Länge nach wie eine Tasche aufschlitzen.

Die Füllung wie unten beschrieben zubereiten. Die in die Auberginen eingeschnittene Tasche mit den Daumen etwas ausweiten und die Auberginen füllen.

Tomatensoße mit 4 EL Öl verrühren, in die Reine geben und die Auberginen hineinsetzen.

Im Backrohr etwa eine 3/4 Stunde bei ca. 200 °C backen. Zwischendrin die Auberginen mit dem Fond beträufeln und Wasser nachgießen.

F Ü L L U N G

Auberginen-Füllung

80 g grober Schrot, am besten aus Einkorn, Olivenöl, Wasser, 10 entsteinte Oliven, 2–3 Knoblauchzehen, 1–2 getrocknete Tomaten, 1 Bund Basilikum, 2 kleine Eier, 100 g Frischkäse, Salz und Pfeffer

Den Schrot in Olivenöl unter Schaufeln kurz anrösten. Mit ca. 150 ml Wasser ablöschen.

Etwa 1 Stunde ausquellen lassen und anschließend unter ständigem Schaufeln so lange trocken braten, bis ein fester Brei entsteht (dauert etwa 5 Minuten).

Oliven, Knoblauch, die getrockneten Tomaten und das Basilikum klein schneiden.

Eier verschlagen und den Frischkäse zerbröseln. Alle Zutaten miteinander vermengen und mit Salz, Pfeffer und Olivenöl abschmecken. In die Auberginen füllen.

ÖLWECHSEL FÜR DIE REGIONALE KÜCHE

In Bayern wird traditionell eher mit tierischen Fetten wie Butter, Butterschmalz und manchmal noch mit Schweineschmalz gekocht. In diesem Buch ist viel von Regionalität die Rede, aber beim Kochen verwenden wir hauptsächlich Olivenöl.

Dafür gibt es gute Gründe: zum einen die bessere Verträglichkeit von pflanzlichen Ölen gegenüber tierischen Fetten, zum anderen eine ökologisch motivierte Zurückhaltung gegenüber so genannten tierischen Veredelungsprodukten. Denn selbst wenn Butter bei uns relativ günstig zu haben ist, so ist ihre Herstellung im Grunde ziemlich teuer und aufwändig: allein um ein Kilo Butter zu produzieren benötigt man über 20 Liter Milch, fast zwei Tagesleistungen einer durchschnittlichen Milchkuh also, und die wiederum braucht natürlich Heu, Gras und Kraftfutter aus Getreide und Soja. Der Kalorienumsatz beträgt dabei 5 zu 1, d.h. fünf Getreidekalorien werden eingesetzt um eine Kalorie Milch herzustellen.

Nur die Stütze, sprich: die Subventionierung macht die Luxusprodukte Butter und Butterschmalz heute billig und alltäglich, während sie früher rar und deshalb kostbar waren. In einer umweltgerechten und „reellen" Landwirtschaft wird die Butter, die bei uns dank gut gebutterter Subventionen permanent im Überschuss produziert wird, deshalb keine so große Rolle mehr spielen können.

Allerdings handelt es sich bei Butter um ein sehr gesundes, gut verträgliches Fett, das durchaus mit einem guten Speiseöl konkurrieren kann. Zum Kochen ist sie im Grunde zu schade, zumal ihre wertvollen Inhaltsstoffe infolge der Erwärmung zerstört werden. In der Hauptsache gehört die Butter deshalb einfach aufs Brot. Für bestimmte traditionelle Gericht ist sie aber aufgrund ihres Geschmacks unentbehrlich; sie sollte aber, wo immer das möglich ist, mit Öl gemischt werden.

Gegen die regelmäßige Verwendung von tierischen Fetten (auch Butterschmalz) spricht vor allem ihre Zusammensetzung. Denn sie bestehen im Wesentlichen aus gesättigten Fettsäuren, die vom Körper oft nur in Fettdepots geparkt werden. Zwar wird Fett genauso wie Kohlenhydrate in Energie verwandelt und verbraucht, aber der gut genährte und bewegungsarme Mensch von heute kann in der Regel gar nicht mehr alles verbrauchen, was er an Fett und Kohlenhydraten zu sich nimmt. Nur wer tüchtig körperlich arbeitet, verkraftet den regelmäßigen Genuss von Bratkartoffeln mit Butterschmalz, Schweineschmalz, Rindertalg u.ä., ohne dick zu werden

Anders verhält es sich mit den Ölen. Sie bestehen im Wesentlichen aus einfach und mehrfach ungesättigten Fettsäuren, die der Körper nicht deponiert, sondern sofort benötigt, weil er sie, wie etwa die lebenswichtige, mehrfach ungesättigte Linolsäure, nicht selber herstellen kann. Diese essenziellen Fettsäuren sind allerdings nicht hitzebeständig, gehen also durch Kochprozesse verloren. Sehr wertvolle Öle wie Nuss-, Kürbiskern-, Soja-, Hanf- oder Leinöl eignen sich deshalb nicht zum Kochen. Manchmal kann man sie zum Aromatisieren verwenden, aber man sollte sich im Klaren darüber sein, dass diese Öle in kalten Zubereitungen am wertvollsten sind, also vor allem im Salat.

Am ehesten zum Kochen, Dünsten und Braten eignet sich von den natürlichen Ölen das Olivenöl. Der Anteil der einfach ungesättigten Fettsäuren beträgt beim Olivenöl 74 % in der Fettsäurenzusammensetzung. Die einfach ungesättigten sind stabiler als die mehrfach ungesättigten Fettsäuren.

Eine regionale und preiswerte Alternative dazu kann Sonnenblumenöl sein, obwohl es durch das Erhitzen viel von seinem Wert verliert. Eine weitere Möglichkeit ist die Verwendung von so genannten neutral schmeckenden, biologisch hergestellten Bratölen zum Anbraten und das anschließende Aromatisieren mit einem guten Oliven- oder anderen Öl.

Nicht zuletzt sein Geschmack, der ausgezeichnet zu Gemüsespeisen passt, spricht für die Verwendung von Olivenöl zum Kochen. Immer vernünftig ist eine sparsame Verwendung, obwohl es auch in diesem Buch viele Zubereitungen gibt, die erst richtig schmecken, wenn es nur so glänzt und schimmert.

Also auch wenn's bayrisch und regional zugeht: Olivenöl ist eine vernünftige Alternative zu Butter und Butterschmalz, obwohl es über die Alpen zu uns kommt. Schließlich stammen die tierischen Fette nicht nur aus einer energieintensiven Erzeugung, sondern im Grunde sogar aus Übersee, aus Brasilien, Bolivien usw. Die Europäische Gemeinschaft ist schließlich der größte Importeur von Sojaschrot, dem wichtigsten Kraftfutter für Milch- und Schlachtvieh.

Auf keinen Fall fehlen darf die „Parmigiana di melanzane", die klassischste aller Auberginen-Zubereitungen. Sie ist die Königin der Resteverwertung und kommt aus Neapel, wo sie als kulinarisches Pedant zur Arie vergleichbare voluminös-ölige Ausmaße erreicht wie manche Interpreten des großen Belcanto. Sie besteht aus übrig gebliebener Tomatensoße, aus gebratenen Auberginenscheiben vom Antipasto des bestenfalls letzten „Pranzo", aus aufgeschnittenen harten Eiern (vom Frühstück oder Osternest), manchmal aus aufgebröselten Fleischpflanzerln („Polpette"), altem Käse und viel Öl. So dürfte sie entstanden sein, auch wenn sie heute frisch aus Auberginen, Parmesan, Tomaten usw. zubereitet wird. Ihr Geschmack ist unbeschreiblich, wunderbar, köstlich, nahezu das Beste überhaupt, wie es nur entstehen kann aus der phantastischen Fähigkeit der Menschen, aus Nichts, Resten und der Lust am Ausprobieren etwas Vollendetes zu machen.

Genauso wie die Parmigiana sind wahrscheinlich viele gute Pastasoßen aus Überbleibseln entstanden, und wie lächerlich nimmt sich dagegen heute mancher Spitzenkoch aus, der professionell und mit großem Aufwand die edelsten Zutaten kombiniert und auch nichts Besseres zustande bringt.

PARMIGIANA DI MELANZANE

1 kg Auberginen, Olivenöl, Salz, 6 frische Tomaten (oder 1 Dose gehackte), 1-2 EL getrocknetes Basilikum, 2-3 Knoblauchzehen, Pfeffer, ca. 200 g Mozzarella (ersatzweise Frischkäse), 2 hart gekochte Eier (geht auch ohne), ca.100 g Parmesan

Stiele und das Grün von den Auberginen abschneiden. Auberginen der Länge nach in gleichmäßige Scheiben von etwa 1/2 cm Dicke schneiden.

Auf beiden Seiten salzen. Etwa 10 Minuten ziehen lassen, abtupfen und anschließend beidseitig mit Olivenöl in der Pfanne braten, bis sie leicht gebräunt sind.

Tomaten überbrühen, häuten und klein hacken. Mit Basilikum und klein gehacktem Knoblauch verrühren, mit Salz und Pfeffer abschmecken und mit Olivenöl kurz zur Soße verköcheln.

Mozzarella und Eier in Scheiben schneiden. Eine Reine ausölen und schichtweise Auberginenscheiben darin auslegen, darauf Mozzarella- und schließlich Eierscheiben.

Die oberste Schicht mit Auberginenscheiben, Tomatensoße und Parmesan abschließen und mit Olivenöl beträufeln.

Das Ganze mit Parmesan bestreuen und mit den gehackten Tomaten begießen.

Im vorgeheizten Backrohr etwa eine 3/4 Stunde bei 200 °C backen. Schmeckt warm und kalt, am besten aber lauwarm.

Übrigens, nicht weit ist es von der „Parmigiana" zum griechischen „Moussaka", das statt mit Eiern und Mozzarella mit gebratenem Hackfleisch und Schafskäse gefüllt und mit Zimt abgeschmeckt wird. Schmeckt auch sehr fein.

DISTELGERICHTE AUF DER ROTEN LISTE

Artischocken kennen wir inzwischen wieder. Zusammen mit einer leckeren grünen Eiersoße ziehen wir uns ihre Blätter gerne durch die zusammengeklappten Kiefer.

Meist kommen sie aus Italien oder Spanien, aber an sonnigen Standorten wachsen sie auch bei uns. Nur Frost sollten sie keinen erwischen, und aus diesem Grund gibt es sie bei uns nicht im Winter und Frühjahr, sondern im Herbst, bevor es eisig wird.

Was wenige wissen: noch im 17. Jahrhundert wurden Speisedisteln bei uns angebaut, dann aber allmählich vergessen. Disteln stehen nicht hoch im Kurs im Land der Dichter, Denker und Würstl. Am schlechtesten ging's der Kardone oder Karde, einer direkten Vorfahrin der Artischocke, die fast völlig aus unseren Gärten, Kochbüchern und Töpfen verschwunden ist. Noch Anfang des letzten Jahrhunderts war sie hierzulande weit verbreitet und ein beliebtes Gemüse. Sogar dort, wo man traditionell für Gemüse nicht allzu viel übrig hatte, findet man Kardenrezepte, nämlich in alten bayrischen Kochbüchern. Dort heißt es: *...man dünstet sie in fetter Fleischbrühe mit Zitronensaft ganz weich und gibt sie in heißer Buttersoße zu Tisch.*

Dem Artensterben im Kochtopf ist nicht nur die Acker-Gänsedistel zum Opfer gefallen, auch viele andere Disteln ereilte das gleiche Schicksal. Interessant ist besonders die Kohlkratzdistel, die man bei uns an feuchten Standorten noch überall finden kann und die vor allem im osteuropäischen Raum nach wie vor geschätzt wird. Geschmort wie Spinat werden schon die jungen Blätter gegessen, und später – wie bei den Artischocken – die Böden der Blütenköpfe mit Knoblauch und Petersilie. Eine uralte Mahlzeit übrigens, denn Distelböden haben sich die Menschen schon in der Steinzeit oft und gerne schmecken lassen, wie die Überreste leckerer Mahlzeiten belegen, die archäologische Grabungen zutage gefördert haben.

Gebratene Artischocken

Artischocken, Zitrone, Olivenöl, Salz, Pfeffer

Artischocken mit etwa 3 bis 4 cm langen Stielen der Länge nach halbieren.

Die harten Außenblätter entfernen, das Heu im Inneren wegzupfen und die Spitzen der inneren Blätter abschneiden. Sofort in Zitronenwasser legen.

Die Artischocken mit der Außenseite in eine Pfanne legen und so viel Öl angießen, dass sie halb bedeckt sind. Bei nicht zu starker Hitze ca. 5 Minuten braten, dann wenden und wieder 5 Minuten braten.

Die Artischocken erneut wenden und einige Male kaltes Wasser darüber spritzen, bis sie schön knusprig sind. Salzen und pfeffern und mit Zitronenspalten servieren.

Bei dieser Zubereitung handelt es sich um eine Variante von „Carciofi alla giudia", einem Rezept aus dem ehemaligen jüdischen Getto von Rom. Manchmal werden die Artischocken bei diesem Gericht erst gekocht und dann gebraten und manchmal mit gehackter Petersilie, Knoblauch und geriebener Zitronenschale bestreut.

Gebackene Artischocken

Artischocken, Olivenöl, Knoblauch, Minze, Salz

Artischocken am Stiel packen und fest auf die Tischplatte schlagen, damit sich die Blätter öffnen.

Stiel abschneiden und die Artischocken in eine geölte Reine setzen. Zwischen die Blätter Öl träufeln und gehackten Knoblauch, klein geschnittene Minze und Salz streuen.

Im vorgeheizten Ofen backen. Während der Mahlzeit die harten Blätter und das Heu im Inneren entfernen.

Geschmorte Distelböden

je nach Größe 12–20 Disteln (in der Regel Artischocken) mitsamt Stielen, Zitrone, 2 Knoblauchzehen, Petersilie, Olivenöl, 1 Glas Weißwein, Salz und Pfeffer

Die Böden von den Distelblättern abtrennen und sofort in kaltes Wasser mit reichlich Zitronensaft geben.

Die Stiele schälen, holzige Teile entfernen und in etwa 4 cm lange Stücke schneiden. Dann ebenfalls ab ins Zitronenwasser. Die Blätter anderweitig verwenden.

Knoblauch und Petersilie hacken. Knoblauch und die Hälfte der Petersilie in Olivenöl bei schwacher Hitze braten. Disteln (Artischocken) dazugeben, mit dem Weißwein ablöschen, einschmurgeln lassen und mit so viel Wasser aufgießen, dass die Böden gerade bedeckt sind.

Pfanne zudecken und etwa 5 Minuten schmoren lassen. Dann Deckel runter und so lange köcheln, bis die ganze Flüssigkeit eingedampft ist.

Salzen und pfeffern. Restliche Petersilie darüber streuen und das Ganze mit Brot als Vorspeise oder Imbiss servieren.

Noch einmal zusammengefasst: Die Stiele der Artischocken (oder anderer schmackhafter Disteln) abreißen oder abschneiden. Die harten äußeren Blätter abzupfen und wegwerfen. Dann ***entweder*** *auch die restlichen Blätter abzupfen, in köchelndem Wasser dünsten und anschließend in eine Kräuteröl-, Senf- oder Eiersoße tunken. Das haarige Heu aus den Böden kratzen und diese kurz abspülen und dann zubereiten.* ***Oder*** *man lässt die inneren Blätter stehen, schneidet die Spitzen etwa bis zur Hälfte ab, entfernt das Heu und schneidet die Böden in Spalten bzw. gibt eine Füllung hinein.*

ARTISCHOCKEN MIT NUDELN

2 fest kochende Kartoffeln, 100 g Farfalle oder andere Nudeln, 5 Artischocken, 1 Zwiebel, Olivenöl, Knoblauch, Salz und Pfeffer, 10–12 Cherrytomaten, Petersilie, eventuell geriebener Hartkäse

Kartoffeln schälen und würfeln. Wasser aufsetzen und die Nudeln zusammen mit den Kartoffeln bissfest gar kochen.

Inzwischen die Artischockenherzen herrichten und je nach Größe in Spalten vierteln oder achteln.

Die Zwiebel ebenfalls in Spalten schneiden. Artischocken und Zwiebeln bei leichter Hitze in Öl anbraten.

Reichlich gehackten Knoblauch dazugeben. Die heißen Nudeln und Kartoffeln ebenfalls dazumischen. Salzen und pfeffern.

Cherrytomaten halbieren und vorsichtig zusammen mit der fein gehackten Petersilie untermischen. Sofort servieren und bei Tisch mit Olivenöl beträufeln. Wer mag, bekommt geriebenen Käse dazu.

GEFÜLLTE ARTISCHOCKEN

4 mittlere Artischocken, Olivenöl

Artischocken zum Füllen wie oben beschrieben zurechtschneiden. Bis zum Füllen in Zitronenwasser legen.

Füllung in die Böden geben. In eine Pfanne setzen und mit Öl und Wasser zugedeckt etwa 10 Minuten dünsten. Anschließend Deckel runter und bissfest fertig garen.

FÜLLUNGEN

ARTISCHOCKEN-FÜLLUNG

4 Artischockenstiele, 1 Ei, 3 EL Semmelbrösel, 1 Knoblauchzehe, Petersilie, 1–2 EL geriebener Pecorino, ein wenig Milch, Salz, Pfeffer

Artischockenstiele säubern, schälen und die harten Teile wegschneiden.

Stiele klein hacken und mit dem verschlagenen Ei, den Semmelbröseln, dem gehackten Knoblauch, der fein gewogenen Petersilie und dem Käse vermengen.

Den Teig mit ein wenig Milch weich kneten. Salzen und pfeffern.

Chili

BRENNENDE LIEBE: CHILI UND PEPERONI

Das Leben ist kein Spaß. Zumindest nicht von Anfang an. Denn vor das Glück hat der liebe Gott den Schweiß gesetzt. Den Schweißausbruch. Und der kommt vom Capsaicin. Dieser Stoff bringt alles zum Brennen. Allerdings ohne Schaden anzurichten.

Im Gegenteil: Scharfe Chilis, Peperoni oder Pfefferoni schmeicheln den Schleimhäuten, wirken anregend, desinfizierend, gelten als wirksamste Blutdrucksenker unter den Gemüsen, helfen gegen Fieber und sind summa summarum so gesund, dass wir gar nicht viel genug davon kriegen, nicht genug röcheln und nach Luft schnappen können.

Die Peperoni sollten wir meistens roh essen, verteilt im Salat oder klein gehackt übers Essen gestreut. Mit dem Rest wird gekocht, das Öl für die Spaghetti aromatisiert oder der Eintopf arrabbiatisiert. Wer die Gewöhnungszeit tapfer durchsteht, erhöht bald freiwillig die tägliche Dosis. Der Wirkstoff Capsaicin macht nämlich abhängig. Im Körper bewirkt er die Ausschüttung von Endorphinen, also körpereigenen Opiaten. Nach dem Höllenbrand stellen sich Glücksgefühle ein. Und schließlich gibt es nichts

Schöneres, als wenn der Schmerz nachlässt. Fans suchen diesen Rauschzustand, und nichts kann ihnen scharf genug sein. Die Literatur kennt Beispiele von scharfen Suppen, deren Geruch alleine ausreicht, um regelrecht zu explodieren. Das Schöne daran ist, dass die Sucht nach Peperoni und Chili im Gegensatz zu Alkohol, Heroin und Ecstasy nur durchweg positive Folgen hat. Scharfes Essen hat bekanntermaßen zahlreiche gesundheitliche Vorteile, und nicht ohne Grund wird in vielen Ländern traditionell extrem scharf gewürzt.

Neben der Bekämpfung von Darmparasiten spielen Chilischoten aber auch bei der Sozialhygiene und in der Partnerschaft eine wichtige Rolle. Nach einer Untersuchung der japanischen Wissenschaftlerin Kuriyama sind Peperoni-Esser die feurigsten Liebhaber. Offenbar bringt das Capsaicin auch die richtige Schärfe in die Beziehung und sorgt für ausreichend Nachschub an so genannten Botenstoffen und Glückshormonen.

Letztere, wie Dopamin und Serotonin, steuern das sexuelle Verlangen, haben aber den Nachteil, dass sie schon nach kurzer Zeit aufgeregter Verliebtheit abschlaffen. Rasch verlieren die Menschen die Lust aneinander. Außer es kommt ein neuer Reiz. Ein neuer Partner oder eben jede Menge Chilis.

Viele gute Gründe also für deren regelmäßigen Genuss. Selbst wer keine mag, sollte sich dazu zwingen. Man hat nichts zu befürchten. Außer am Anfang ein leichtes Brennen bei Stuhlgang und Flatulenz vielleicht. Davor warnt auch die Wissenschaft. Aber das vergeht.

GRUNDREZEPT

OLIO SANTO

ca. 20–25 kleine getrocknete Chilischoten, nach Belieben Knoblauch, 1/2 l Olivenöl

Getrocknete Chilischoten klein hacken und – eventuell zusammen mit in Scheiben geschnittenem Knoblauch – mit dem Olivenöl in eine Flasche füllen.

Die verschlossene Flasche an einem dunklen Ort aufbewahren. Frühestens nach einer Woche verwenden.

Olio Santo genauso gewohnheitsmäßig wie Parmesan zu Nudelgerichten, Reis und dergleichen reichen. Jeder träufelt sich so viel er mag über das Essen.

STANGENSELLERIE MIT HEILIGEM ÖL

Olio Santo, Salz, Stangensellerie

Olio Santo mit ein wenig Salz verrühren und als Dip zum in Stücke geschnittenen Stangensellerie reichen.

SPAGHETTI ALLA ZAPPATORA

500 g Spaghetti, Olivenöl, mehrere frische oder getrocknete Chilischoten, 4 Knoblauchzehen, Petersilie, Salz und Pfeffer

Spaghetti al dente kochen. Olivenöl erhitzen und klein gehackte Chilis sowie in feine Scheiben geschnittenen Knoblauch dazugeben.

Alles nur so lange erhitzen, bis der Knoblauch leicht Farbe annimmt (nicht braun werden lassen!).

Chilis und Knoblauch unter die heißen Nudeln mengen und mit Salz und kräftig mit Pfeffer abschmecken. Am Schluss die klein gehackte Petersilie untermischen.

Tipp: Diese Spaghetti mit gedünstetem Broccoli (oder Schwarzkohl) vermischen.

SPAGHETTI ARRABBIATA

Zutaten wie vorher. Außerdem: 4 Tomaten, Oregano

Zubereitung wie oben. Tomaten blanchieren, schälen, klein hacken und unter die heißen Spaghetti mischen. Kräftig mit Oregano würzen. Olio Santo dazu reichen.

Escariol mit Peperoni

1 Kopf Escariol (glatte Endivie), 1-2 Knoblauchzehen, Olivenöl, je nach gewünschter Schärfe 1-2 Peperoni, Salz

Salat in mundgerechte Stücke brechen oder schneiden.

Knoblauch in Scheiben schneiden und in Olivenöl anbraten. Leicht Farbe annehmen lassen, dann herausfischen und ab damit in den Kompost.

Peperoni in kleine Stücke schneiden und ins heiße Öl geben. Etwa 1 Minute unter Rühren anbraten, dann den Salat dazugeben. Das Ganze bei nicht zu starker Hitze etwa 10 Minuten braten.

Wer den Salat sehr weich wünscht, kann noch etwas heißes Wasser dazugießen. Salzen.

Passt zu Kartoffeln, Getreide, Fleisch, aber auch unter Nudeln gemischt („Pasta con la cicoria").

Übrigens: Pfefferoni sind sprachlich eingedeutschte Chilischoten. Chilis und Peperoni wiederum sind nicht dasselbe, was insofern irritiert, als Peperoni oft auch als Pfefferoni bezeichnet werden – und alle miteinander nichts mit Pfeffer zu tun haben. Zumindest botanisch.
Denn Peperoni sind so genannte Gewürzpaprika. Sie besitzen oft nur halb soviel Capsaicin wie Chilis und sind deshalb nur halb so scharf... aber für viele von uns scharf genug. In Italien bezeichnet man allerdings auch die milden Gemüsepaprika als Peperoni, und die kleinen scharfen als Peperoncini. Aus getrockneten Gewürzpaprika wird scharfes und mildes Paprikapulver gewonnen, aus Chilis der Cayennepfeffer, der aber – wie erwähnt – nichts mit Pfeffer gemein hat.

So, und nach diesen linguistischen Ausführungen kommt jetzt der Partyhit vegetarischen Scharfsinns schlechthin:

Chili ohne Carne

ca. 300 g rote Trockenbohnen, Wasser, 2-3 Lorbeerblätter, Salz, 1 Zwiebel, 2 Paprika grün und rot, 2-3 Knoblauchzehen, 2-3 Chilis (oder mehr), Olivenöl, 5-6 Tomaten (oder ca. 400 g gehackte Tomaten aus der Dose), Pfeffer, eventuell Chilipulver (klein gehackte Chili), 6-8 Salbeiblätter

Bohnen waschen und am besten über Nacht einweichen. Im Einweichwasser mit den Lorbeerblättern weich kochen. Erst zum Schluss salzen.

Zwiebel und Paprikaschoten in Ringe bzw. Streifen schneiden, Knoblauch und Chilis klein hacken. In Olivenöl erst die Zwiebeln glasig, dann Paprika, Knoblauch und Chili anbraten.

Tomaten überbrühen, einschneiden, schälen und klein hacken. Zum Gemüse geben und alles zu einer Soße verkochen. Salzen und pfeffern.

Zum Schluss die Bohnen dazugeben und mit dem Bohnenkochwasser das Chili auf die gewünschte Konsistenz bringen. Nochmals abschmecken und – falls nicht scharf genug – mit Chilipulver nachwürzen.

Olivenöl in einer kleinen Pfanne erhitzen und den gehackten Salbei kurz anbraten. Salbei-Öl-Mischung über das heiße Chili geben. Fertig.

SCHARFE KRAUTSCHNITTEN

Mürbteig (siehe Grundrezept), ca. 0,8 kg Weißkraut, Olivenöl, Salz, Pfeffer, Oregano, 4–5 Knoblauzehen, 1 Bund Petersilie, mehrere frische oder getrocknete Peperoni, 12 Cherrytomaten (oder 3–4 gewürfelte Tomaten), 2 Eier, 1 Becher Sauerrahm, ca. 100 g geriebener Hartkäse

Mürbteig wie im Grundrezept beschrieben vorbereiten.

Weißkraut putzen und in grobe Streifen schneiden. In Olivenöl bei nicht zu starker Hitze mit wenig Wasser so lange weich braten, bis es leicht anbräunt.

Das Weißkraut salzen, pfeffern, mit Oregano abschmecken und mit fein gehacktem Knoblauch und Petersilie sowie grob gehackten Peperoni bestreuen. Cherryomaten halbieren und dazugeben.

Inzwischen Tarte-Form oder Bratreine mit Öl ausstreichen. Den vorbereiteten Mürbteig etwa 1/2 cm dick auf einem leicht bemehlten Brett so groß ausrollen, dass die Form ausgefüllt wird und ein etwa 2 cm hoher Rand übersteht. Im vorgeheizten Backrohr bei etwa 200 °C gut 10 Minuten vorbacken.

Eier verschlagen, mit Sauerrahm und geriebenem Käse vermischen, salzen und pfeffern.

Weißkraut auf dem vorgebackenen Teig verteilen, darauf dann die Eier-Käse-Mischung.

Die Tarte im heißen Ofen weiterbacken, bis uns die Oberfläche schön goldbraun entgegen leuchtet. Als heiße oder kalte Krautschnitten mit Salat servieren.

GRUNDREZEPT

MÜRBTEIG (ÖLTEIG)

(siehe auch *einfach buono!* Seite 81)

200 g fein gemahlenes Vollkornmehl (am besten Dinkel), Salz, 2 EL Olivenöl, 1/8 l Wasser

Mehl mit Salz vermischen und Öl und Wasser einkneten. Es sollte ein weicher, saftiger Teig entstehen. Also nach Bedarf noch 1 oder 2 EL Wasser einarbeiten. Der Teig sollte mindestens 1/2 Stunde zur Kugel gerollt und zugedeckt im Kühlschrank ruhen.

Der Frage, ob Chili tatsächlich Löcher in den Bauch brennt, ging die Forschung mit einem interessanten Arbeitsessen nach. Mutige Versuchspersonen mussten mexikanische Spezialitäten essen, die von sadistischen Forschern bis zur Grenze des Erträglichen mit Chilipulver angereichert worden waren. Ergebnis der Gastroskopie: keinerlei Verätzungen an den Magen- oder Darmwänden. Selbst direkt in den Darm eingespritztes Chilipulver erwies sich als harmlos. Chilis sind also offenbar alles andere als scharf. Sie tun nur so, weil sie wie alle Lebewesen ihre Art erhalten und nicht aufgegessen werden wollen. Eine reine Drohgebärde also, wie bei der australischen Kragenechse. Aber davon sollten wir uns nicht einschüchtern lassen.

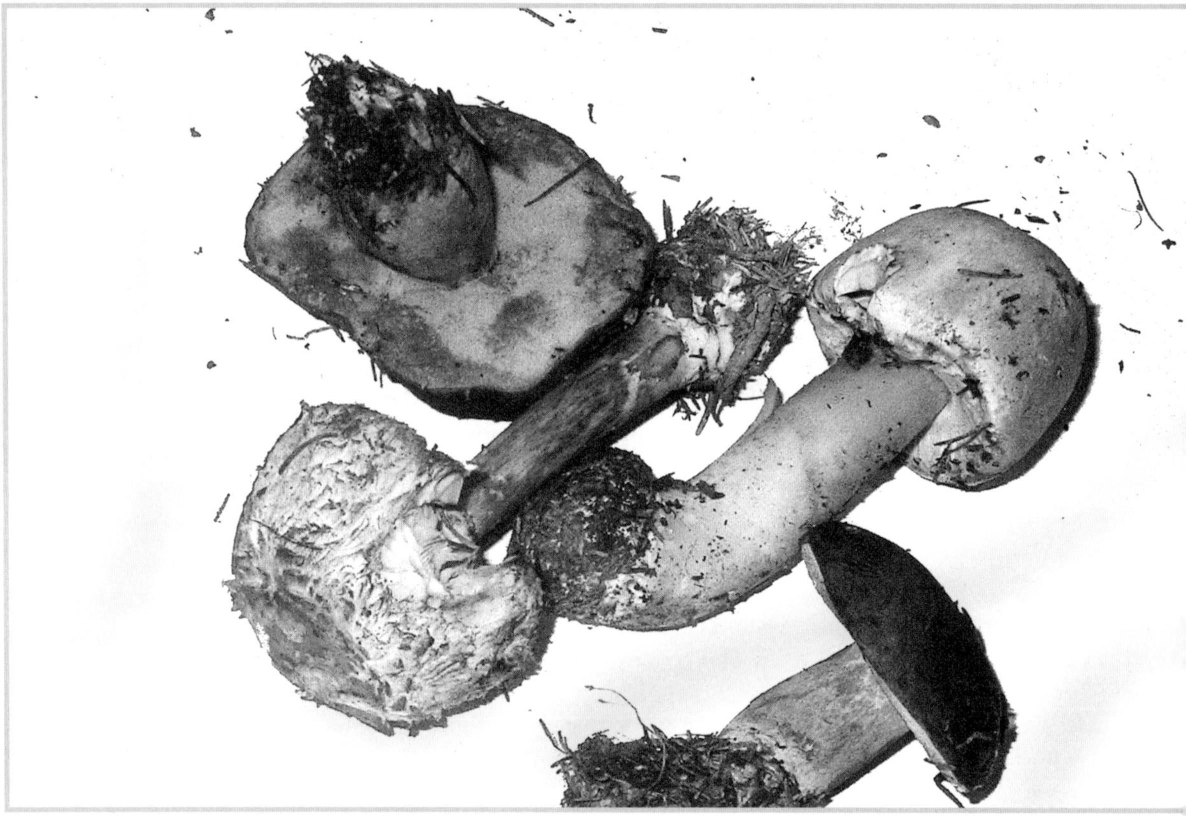

SCHWAMMERLGULASCH IN MEMORIAM

Sie machen sich immer rarer, die Wald- und Wiesenpilze. In unseren Wirtschaftswäldern verarmt die Artenvielfalt genauso wie auf den Maisäckern.

So konnte aus einem kostenlosen Arme-Leute-Essen ein Gourmet-Erlebnis für zahlungskräftige Restaurant-Besucher werden. Statt in den Wald trotteln wir jetzt zu den Spitzengastronomen. Hier gibt es sie noch, die Steinpilze, Pfifferlinge und Birkenpilze aus Polen oder der Ukraine.

Aber hin und wieder finden wir sie doch noch in unseren Wäldern. Und wenn nicht, dann essen wir eben Zuchtpilze in memoriam verlorener Genüsse. Die schmecken ja auch ganz gut.

Gebratene Stein- oder Austernpilze

200–300 g Austern- oder Steinpilze, Olivenöl, Salz und Pfeffer, 1–2 Knoblauchzehen, 1/2 Bund Petersilie, Zitrone

Austernpilze (Steinpilze) in mundgerechte Stücke zerschneiden und in Olivenöl bei milder Hitze unter gelegentlichem Rühren bissfest weich braten. Salzen und pfeffern.

Knoblauch und Petersilie fein wiegen und mit abgeriebener Zitronenschale und ein wenig Salz vermischen. Diese Mischung zu den Pilzen geben.

Alles kurz durchschaufeln und sofort mit einer Scheibe Zitrone servieren.

Entweder als Vorspeise oder Imbiss auf einem gerösteten Brot servieren oder nach folgendem Vorschlag auf einem Salat anrichten:

Austernpilze auf Salat

1 kleiner Kopf Radicchio, 1 Bund Rucola, Olivenöl, Zitronensaft, Salz, Pfeffer, Balsamico, gebratene Pilze (wie oben zubereitet)

Radicchio und Rucola in mundgerechte Stücke zerzupfen und auf die Teller verteilen.

Eine Marinade aus Öl, Zitronensaft, Salz, Pfeffer und ein paar Spritzern Balsamico anrühren und über den Salat träufeln.

Die gebratenen Austernpilze dekorativ auf dem Salat anrichten.

Austernpilze und Polenta

gebratene Austernpilze (Zubereitung und Zutaten siehe oben), ca. 300 g fertige Polenta (siehe Seite 42)

Austernpilze wie oben beschrieben braten. Kalte Polenta in Streifen schneiden und in Olivenöl beidseitig ausbraten. Polentastreifen und Pilze mischen. Fertig.

Champignons in Pfannkuchen

ca. 200 g Champignons oder Mischpilze, Butter, Petersilie, Salz, Pfeffer, 200 g Quark, 100–150 g geriebener Hartkäse, fertig zubereitete Pfannkuchen

Pilze putzen und in Scheiben schneiden. Butter in der Pfanne erhitzen und die Pilze unter Rühren braten, bis sie leicht anbräunen.

Vom Feuer nehmen und die fein gehackte Petersilie untermischen. Salzen und pfeffern.

Die Pilze mit dem Quark und dem Käse vermengen und alles noch mal abschmecken. (Wer will und Zeit hat, kann die Hälfte der gebratenen Pilze pürieren.)

Pfannkuchen mit dem Pilzquark bestreichen und entweder aufrollen oder zweimal auf einen Viertelkreis zusammen klappen.

Die Pfannkuchen nebeneinander oder dachziegelartig in einer gebutterten Reine auslegen.

Die Schüssel, in der die Füllung verrührt wurde, mit einem Glas Milch ausschwenken und die Milch rings um die Pfannkuchen ausgießen.

Das Ganze bei ca. 180 °C im Backrohr etwa 20 Minuten backen. Wer's gehaltvoll mag, kann auch noch Butterflöckchen aufsetzen.

Eine kurze Anmerkung zum Thema Käse: Mengenangaben wie oben sind immer mit Vorsicht zu genießen. Käse ist im Essen ein Gewürz, und je intensiver und kräftiger sein Aroma, um so weniger davon braucht man. Wer z.B. guten Parmesan verwendet, kommt auch mit der Hälfte der angegeben Menge aus. Geriebenen Käse also nicht einfach zu den anderen Zutaten geben, sondern bewusst nur zum Abschmecken verwenden!

Gefüllte Pilze

12 große Pilze, 1 Semmel, 1 Tasse Milch, 1 Knoblauchzehe, 1 Ei, Oregano, 60 g Parmesan oder anderer guter Hartkäse, Salz und Pfeffer, Olivenöl

Stiele der Pilze heraustrennen und fein hacken. Die Semmel klein würfeln und mit heißer Milch übergießen. Den Knoblauch fein hacken.

Die Semmelwürfel ausdrücken und mit dem Knoblauch, den gehackten Stielen sowie dem verschlagenen Ei mischen und mit Oregano, Käse, Salz, Pfeffer und ein wenig Öl abschmecken.

Die Mischung als Füllung in bzw. auf die Pilzhauben geben. Diese anschließend in eine geölte Reine legen, mit Öl beträufeln und im Backrohr ca. 20 Minuten backen.

Das Ganze schmeckt übrigens auch ohne Ei.

Champignons mit Zucchini

200 g Champignons, 400 g junge Zucchini, 2 Knoblauchzehen, 1 Bund Petersilie, Olivenöl, Zitrone, Salz, Pfeffer

Pilze in Scheiben, Zucchini in Streifen schneiden. Knoblauch und Petersilie fein hacken.

Olivenöl in einer Pfanne erhitzen und die Hälfte der gehackten Petersilie kurz anschmoren. Pilze, Zucchini und den Knoblauch dazu und alles so lange unter Rühren braten, bis das Gemüse leicht Farbe annimmt und der ausgetretene Saft verdampft ist.

Mit Zitronensaft, Salz und Pfeffer abschmecken.

Kann als Beilage oder kalt gegessen werden, oder vermischt mit Nudeln oder gegartem Getreide (Gerste, Dinkel, Reis).

Schwammerlgulasch und Knödel

1 Zwiebel, Butter oder Öl, ca. 500 g Steinpilze, Pfifferlinge u.a., oder einfach Champignons, 1 l Flüssigkeit (Brühe oder Wasser), Salz und Pfeffer, 1 Knoblauchzehe, Apfel- oder Weinessig, ca. 1/4 l Sauerrahm oder Crème fraîche, Petersilie, fertig zubereitete Knödel (siehe auch Grundrezept Seite 160)

Die Zwiebel ganz fein hacken und in Butter oder Öl oder Butter-Öl-Mischung unter Rühren glasig schmoren.

Die blättrig geschnittenen Pilze dazugeben und etwa 5 Minuten braten (Rühren nicht vergessen!).

Nach und nach die Flüssigkeit zugießen und das Ganze mit Salz, Pfeffer, durchgepresstem Knoblauch und einen Schuss Essig abschmecken.

Zum Schluss Sauerrahm und gehackte Petersilie einrühren. Noch einmal kurz aufkochen lassen. Mit Knödeln servieren.

FETTAUGE SEI WACHSAM

Die einfachste und traditionsreichste Schwammerlsuppe ist eine Einbrennsuppe mit Schwammerleinlage. Im Bayrischen Wald und der Oberpfalz sind über die Jahrhunderte unzählige Generationen mit ihr groß und stark geworden.

Schwammerl gab's oft das ganze Jahr. Frisch im Sommer und getrocknet im Winter. In diesen rauen Gegenden war Gemüse bis auf Kraut, Zwiebeln und Rüben praktisch unbekannt, während in den Wäldern damals noch die Schwammerl wie die Pilze aus dem Boden schossen. Die Verwendung von Rahm, wie im Rezept gegenüber, ist schon ein Zugeständnis an die bürgerliche und gehobene Küche.

Rahm ist – wie Butter – im Grunde ein sehr teures Lebensmittel, das nur in der Alltagsküche einer Gesellschaft mit hoch subventionierter Landwirtschaft und Überschussproduktion eine große Rolle spielen kann. In der damaligen Küche der Kleinbauern, Arbeiter und Tagelöhner glänzte der Rahm nicht im Topf, sondern meist durch Abwesenheit. Auch die Verwendung von Butter- oder Schweineschmalz zum Anrösten des Mehls musste so restriktiv gehandhabt werden, dass einem Sprichwort zufolge in der Regel „mehr Augen in die Suppe hineinschauten als heraus".

Diese Fettaugen in den Suppen waren übrigens nicht nur in Bayern häufiger Streitpunkt harter Arbeitskämpfe. Überall wo schwer gearbeitet werden musste, die Not unter den Arbeitern groß und der Geiz der Grundbesitzer und Arbeitgeber noch größer war, entbrannten um das Fett in der täglichen Kost häufig Auseinandersetzungen. Fast alles mussten sich die Dienstboten gefallen lassen. Nur wenn das Mus oder der Schmarrn so trocken waren, dass der geschnitzte Jesus im Herrgottswinkel während des Essens zugehängt werden musste, „damit er nicht einstaubte", war die Grenze des Zumutbaren überschritten. Nicht selten kam es zu Arbeitsniederlegungen, Streiks und Boykotts.

Aus Tirol wird berichtet, dass ein perfektes Informationssystem unter den Dienstboten die Arbeitssuchenden vor Höfen mit schlechter Kost warnte. Bis hin nach Süditalien zieht sich wie ein roter Faden der Konflikt um das Fett durch die Geschichte der Arbeiterbewegung. So berichten italienische Schriftsteller von schwersten Revolten, als die Landbesitzer in Apulien begannen, das Öl zu dem damals üblichen alltäglichen Bohnenbrei zu rationieren. Erst als den Landarbeitern das Ölkreuz (zwanzig Tropfen Öl in Form eines Kreuzes) über der Mahlzeit zugestanden wurde, beruhigten sich angeblich die Gemüter.

Aber zurück in die Bayrischen und Oberpfälzer Wälder und zu den Schwammerln. Die ursprünglichste Art der Zubereitung einer Schwammerlsuppe lernte ich vor mindestens 25 Jahren bei meiner damaligen Urgroßschwiegermutter in der Oberpfalz kennen und schätzen. Außer der Suppe war vor allem die Einlage, nämlich rohe Kartoffelknödel, interessant. Diese Knödel waren eigentlich eher wie Batzen, schwarzgrün oxidiert und so glitschig und unansehnlich wie grau gewordene Götterspeise mit Waldmeistergeschmack. Ihr Anblick war grässlich, ihr Geschmack dafür um so köstlicher, und mein Leben lang habe ich keine so guten Knödel mehr zu essen bekommen.

KÜRBIS: PERSPEKTIVE FÜR EINE APPETITLICHE GLOBALISIERUNG

Kürbisse haben schon immer beeindruckt. Die Pflanze ist ein undurchdringliches Geschling aus Ranken, leuchtend gelben Blüten und riesigen Blättern.

Die Früchte sind, botanisch gesehen, Beeren und groß, klein, rund, dick, krumm und lang, orange, blau, gelb, grün oder rot, und schmecken als Suppe, als Kuchen, als Püree, als Gnocchi oder als Füllung in Ravioli, Rouladen und Maultaschen. Unbegrenzt sind ihre Möglichkeiten und geheimnisvoll ihre Wirkungen. Von alters her gelten sie als Fruchtbarkeitssymbole, und es werden ihnen nicht nur entwässernde, sondern auch aphrodisierende Kräfte nachgesagt. In alten Mythen werden die Kürbisse dem Mond zugeordnet, der Ebbe und Flut regelt und auch die Strömungen und Flüssigkeiten im menschlichen Organismus. Wer viel Kürbis isst, beginnt zu fließen, zu schmelzen vor lauter Genuss.

Dabei hat der Kürbis bis vor ein paar Jahren in unseren Gärten und Kochtöpfen gar keine so große Rolle gespielt. Nur in den Einmachgläsern fand er sich manchmal als süßsaures Kompott wieder und war da nicht jedermanns Sache. Zu fremd war der süßsaure Gusto unserem Gaumen, als dass der Kürbis in Form der Dauerkonserve den kulinarischen Durchbruch geschafft

hätte. Angebaut wurde er von den Gartlern eher aus Publicity-Gründen. Schier zum Platzen aufgeblähte Kürbisse bereicherten im Herbst den Gabentisch zum Erntedank. Amerikanische Spitzenrekorde wurden hierzulande aber nie erreicht. Dort werden über 500 kg schwere Exemplare gemästet, indem man in abgeschnittene Blattstängel Vollmilch pumpt.

Den Durchbruch bei uns schaffte der Kürbis letztlich erst, als die mediterranen Einflüsse in unseren deutschen Küchen zu wirken begannen. In Frankreich, Italien, aber auch schon im südlichen Österreich rankte sich der Kürbis schließlich bereits kurz nach der Rückkehr von Christoph Kolumbus von einem Garten und Kochtopf zum anderen. Eine Handvoll Samenkörner aus Südamerika, vielleicht ein Geschenk arglos-freundlicher Indianer, erobert friedlich und zum Nutzen aller die Welt, von Garten zu Garten, getauscht oder verschenkt von Nachbarin zu Nachbarin. So gesehen ist der Kürbis im Zeitalter der globalen Verbreitung von Fastfood und Convenience-Produkten ein schönes Beispiel dafür, wie die Menschen einander durch globale Vernetzung (oder besser: Verrankung) gegenseitig helfen können, sich besser zu ernähren als mit industriell hergestelltem „malbouffe".

Über 800 Sorten Kürbis gibt's inzwischen auf unserer Welt. Und eine ist gesünder als die andere. Kürbis enthält viel Vitamin C und ein Vielfaches mehr an Beta-Carotin als die Gelben Rüben. Mit ein bisschen Butter oder Öl wird aus ihm ein süßer, rötlich-goldner Brei für unsere Kids und für uns. Statt weiter in Turbogetreidesorten und einen mit Carotin angereicherten Genreis zu investieren, sollten sich Forschung und Politik lieber um die Intensivierung von Gartenkultur und Gemüsebau in den vielen Elendsgegenden der Welt kümmern. Nur reichlich Gemüse kann die Menschen ausgewogen und gesund ernähren. Die Kürbisse werden in einem vernünftigen Konzept der Ernährungssicherung aufgrund ihrer Lagerfähigkeit, ihrer Nährstoffe, ihrer einfachen Kulturführung und unkomplizierten Zubereitung noch viel von sich reden machen. Jetzt erst sind sie richtig im Kommen.

MINESTRA DI LUNGO BIANCO

500-600 g Lungo bianco (oder Zucchini), Butter oder Olivenöl oder Butter-Öl-Mischung, 1 l Gemüsebrühe oder Wasser, 1/2 Bund Basilikum, 1/2 Bund Petersilie, 2 Eier, 3-5 EL geriebener Emmentaler oder anderer Hartkäse, Salz, Pfeffer, 2 altbackene Semmeln, 1-2 Knoblauchzehen

Kürbis in kleine Würfel schneiden und etwa 5 bis 10 Minuten in Butter, Öl bzw. Butter-Öl-Mischung unter gelegentlichem Rühren braten. Mit Brühe oder Wasser aufgießen und etwa 10 Minuten leicht köcheln lassen.

Inzwischen die Kräuter fein hacken. Eier verschlagen und mit dem Käse verquirlen. Kräuter und Eier-Käse-Mischung kurz vor dem Servieren in die köchelnde Suppe einrühren. Salzen und pfeffern.

Zwischendurch die Semmeln zu Würfeln schneiden und den Knoblauch hacken. Brotwürfel zusammen mit dem Knoblauch in Butter oder Öl rösten und zur Suppe reichen.

ZUCCHINISALAT MIT BASILIKUM

500 g kleine Zucchini, Salz, 1/2 Zitrone, Olivenöl, Knoblauch, 1 Bund Basilikum, schwarzer Pfeffer aus der Mühle

Zucchini in Scheiben schneiden und in wenig leicht gesalzenem Wasser bissfest weich dünsten. Abtropfen lassen, salzen und mit Zitronensaft beträufeln. Mit Olivenöl begießen.

Knoblauch ganz fein hacken und unter die Zucchinischeiben mischen. Etwa 5 bis 10 Minuten ziehen lassen. Mit gehacktem Basilikum bestreuen. Pfeffer darüber mahlen.

Noch lauwarm servieren.

Ideal für die schnelle Küche sind die dunkelgrünen, gestreiften oder orangefarbenen Rondini und die Patisson-Kürbisse, die auch als Squash oder als Bischofsmützen bekannt sind. Von allen am einfachsten zuzubereiten sind die kleinen, runden Rondini:

Rondini einfach buono

4 Rondini, Butter, Salz

Rondini mit einer Stricknadel anstechen, damit sie beim Kochen nicht platzen. In kaltem Wasser aufsetzen und in etwa 15 Minuten gar kochen.

Rondini halbieren, Butter und Salz darauf und einfach auslöffeln.

Florentiner Rondini

4 Rondini, 8 gestrichene EL Crème fraîche, Butter, Salz, Pfeffer, Muskat, Zitrone, gehackte Petersilie

Rondini zubereiten wie oben. Halbieren und Kerngehäuse ausheben, Crème fraîche zusammen mit einem Klacks Butter in die Rondinihälften füllen.

Salzen, pfeffern und mit Muskat und Zitronensaft würzen. Im vorgeheizten Backrohr etwa 10 Minuten überbacken und mit fein gehackter Petersilie bestreut servieren. Auslöffeln.

Gebratene Bischofsmützen

je nach Größe 4–8 Patisson-Kürbisse, Mehl, etwa 5 EL geriebener Parmesan, ca. 5 EL Semmelbrösel, 1 Zitrone, Olivenöl, Salz, Pfeffer

Patissons in Scheiben schneiden und in Mehl wenden.

Geriebenen Parmesan und Semmelbrösel mischen und mit geriebener Zitronenschale abschmecken. Die bemehlten Patissons darin wenden.

Die panierten Kürbisscheiben in Olivenöl langsam ausbacken, salzen und pfeffern. Mit Zitronensaft beträufeln.

Der Geschmack der Patissons ähnelt ein wenig der Artischocke, und die stark farbigen Sorten besitzen sogar ein moschusartiges Aroma. Man kann sie genauso wie Zucchini zubereiten und mit Haut und Kernen essen.

KÜRBISVARIATIONEN

Am besten kennen wir die GARTENKÜRBISSE („Cucurbita pepo"). Einige von ihnen begleiten uns inzwischen fast durchs ganze Jahr: die Zucchini. Es gibt sie grün, gestreift, dunkelgrün, weiß und gelb. Geerntet werden sie unreif, und zwar wenn sie zwischen 10 und 20 cm lang sind.

Zucchini sind zum Rohverzehr geeignet, am liebsten werden sie aber mit Knoblauch in Olivenöl gebraten und mit fein gehackter Petersilie bestreut. Ähnlich schmecken die großen weißen Kochkürbisse, wie der „Lungo bianco", die ideal für eine kräftige, cremige Suppe sind.

Zu den Gartenkürbissen gehören neben den Rondini und Bischofsmützen auch die Kürbisse um den „Jack O'Lantern", die man bei uns als St.-Martins- oder neuerdings auch als Halloween-Kürbisse kennt. Obwohl vor allem zum Aushöhlen gezüchtet, ist ihr Innenleben durchaus für Suppen und Pürees geeignet.

Süß und dick und schön gerippt sind die Acorn-Kürbisse. Ihr bekanntester Vertreter ist der markant gerippte, dunkelgrüne „Mesa Queen". Beliebt ist auch der grün-weiß gestreifte „Sweet Dumpling", der kleine süße Dicke, der für seinen feinen Maronigeschmack geschätzt wird. Seine Zubereitung ist ganz leicht: einfach aufschneiden, Fasern herauskratzen und stückeln. So eignet er sich bestens als interessantes Knabberzeug für langweilige Fernsehserien.

Ganz etwas Besonderes ist der Spaghetti-Kürbis, dessen Fruchtfleisch sich nach dem Kochen wie Spaghetti auffasert. Der Kürbis wird in einem großen Topf im Ganzen gekocht. Vorher aber mit einer Stricknadel anstechen, damit er nicht platzt. Will man lange Spaghetti, schneidet man den Deckel ab und dreht mit einer Gabel die kreisförmig angeordneten Fasern heraus. Reichen einem kurze, schneidet man den Kürbis einfach der Länge nach auf, entfernt die Kerne und löst die Fäden ab. Da dieser Kürbis in seinem Geschmack eher neutral ist, kommt es auf die Zubereitung an. Zum Beispiel mit Tomatensoße oder wie Schinkennudeln mit Speck und Käse.

Eine weitere Gruppe neben den Gartenkürbissen bilden die MOSCHUSKÜRBISSE („Cucurbita moschata"). Der „Muscade de Provence" etwa gehört sicher zu den schönsten und wohlschmeckendsten Kochkürbissen. Sein Fleisch leuchtet orange und riecht fruchtig, süß, lieblich, ein wenig nach Moschus. Da er bei uns nicht ganz ausreifen kann, soll er möglichst spät geerntet werden. Aufgrund seiner leichten Süße wird er gerne zu Mus, Kompott oder Marmelade verarbeitet.

Die RIESENKÜRBISSE schließlich verdanken ihren Namen nicht immer nur ihrer Größe; hauptsächlich geht es dabei um die Gattungsbezeichnung „Cucurbita maxima", und daher können Riesenkürbisse auch mal kleiner sein. Zu ihnen zählt man nicht nur die gewaltigen Zentnerkürbisse, sondern auch die beliebten Hokkaidos und die schön gewundenen und oft irrtümlich als Zierkürbisse eingestuften Türkenturbane. Auch die Riesenkürbisse sind Allrounder in der Küche, und alles Mögliche kann aus ihnen gezaubert werden, von der Suppe bis zu Gnocchi.

Klerikalpasta: Bischofsmütze mit Kürbisblüten

400 g (am besten hausgemachte) Schnittnudeln, 200 g Patisson-Kürbis, Olivenöl, Butter, 4–5 Salbeiblätter, ca. 12 Kürbisblüten, 2 EL geriebener Parmesan, Salz und Pfeffer

Schnittnudeln (oder andere) al dente kochen.

Inzwischen die Kürbisse in etwa 4 mm dünne Scheiben schneiden und in Olivenöl beidseitig braten, bis die Ränder leicht anbräunen. Gebratene Kürbisscheiben aus dem Öl nehmen und warm halten.

Einen Stich Butter in das Öl geben, dazu die Salbeiblätter. Sobald die Butter anfängt braun zu werden, die Salbeiblätter entfernen, und dafür kommen die geviertelten Kürbisblüten hinein.

Die Blüten nur kurz unter Rühren schmoren, dann die Kürbisscheiben, die heißen Nudeln und den Käse dazugeben.

Salzen und pfeffern. Bei sanfter Hitze unter Rühren alles gut miteinander vermischen. Voila! Dazu ein Gläschen Messwein.

Kürbissuppe einfach buono

1 ca. 800 g schwerer Hokkaido (oder anderer Kürbis), 1 mittelgroße Zwiebel, Olivenöl, Wasser, Salz, Pfeffer

Kürbis aufschneiden, Faserteile auskratzen und Fruchtfleisch würfeln.

Zwiebel fein hacken und Öl erhitzen. Zunächst die Zwiebel hineingeben, nach einer Weile die Kürbiswürfel hinzufügen und mit wenig Wasser weich dünsten. Dann alles mit dem Kartoffelstampfer zu einem Püree zerdrücken.

Mit Wasser bis zur gewünschten Suppenstärke aufgießen. Ein wenig köcheln lassen. Salzen und pfeffern.

Suppe auf Teller verteilen und mit Olivenöl beträufeln.

Tipp: Man kann noch frischen Ingwer und Knoblauch mitkochen, eventuell auch noch mit grünem Kardamom würzen.

Kürbisrahmsuppe

1 ca. 800 g schwerer Hokkaido (oder anderer Kürbis), Butter, Wasser, Salz, Pfeffer, Muskat, 4 EL Crème fraîche, 1 Bund Dill

Kürbis aufschneiden, Faserteile auskratzen und Kürbis würfeln.

Butter erhitzen, Kürbiswürfel dazugeben und mit wenig Wasser weich dünsten. Mit dem Kartoffelstampfer zum Püree zerdrücken.

Mit Wasser bis zur gewünschten Suppenstärke aufgießen. Ein wenig köcheln lassen.

Salzen, pfeffern und mit Muskat abschmecken. Suppe auf Teller verteilen und pro Teller 1 EL Crème fraîche dazugeben. Mit fein geschnittenem Dill bestreuen.

Eine unendliche Zahl von Variationen kreist um das Thema Kürbissuppe. Curry, Cayennepfeffer, Kurkuma, immer wieder Ingwer oder löffelweise Kürbiskernöl passen dazu und harren auf ihren Einsatz.

Kürbispüree

1 ca. 800 g schwerer Hokkaido (oder anderer Kürbis), 4 große Kartoffeln, Salz, Pfeffer, Olivenöl oder Butter

Kürbis aufschneiden, Faserteile auskratzen und Kürbis würfeln.

Kartoffeln schälen und ebenfalls würfeln. Kürbis und Kartoffeln mit wenig Wasser weich dünsten. Mit dem Kartoffelstampfer zum Püree zerdrücken.

Salzen und pfeffern. Püree auf die Teller häufen und die Püreehaufen mit dem Löffel ein wenig eindellen. In die Delle jeweils 1 Löffel Olivenöl geben oder ein Stückchen Butter setzen.

Steirisches Kürbisgulasch

2 Zwiebeln, Butter, Olivenöl, 1 EL edelsüßes Paprikapulver, 1 Glas Rotwein, 2 Paprikaschoten, 2 Knoblauchzehen, Peperoni, 2–3 Lorbeerblätter, Kümmel, 800 g gewürfelter gelber Zentner oder anderer Kürbis, ca. 1/2 l Gemüsebrühe, 1–2 EL Tomatenmark, 4 große gekochte Kartoffeln (vorwiegend fest kochend), Salz, Pfeffer, Majoran

Zwiebel hacken und in Butter-Öl-Mischung leicht anbräunen. Paprikapulver dazugeben. Mit Wein ablöschen.

Paprikaschoten in Streifen schneiden, Knoblauch fein hacken und Peperoni klein schneiden.

Nachdem der Wein eingedampft ist, die Paprikastreifen, das Tomatenmark, den Knoblauch, die Peperoni, die Lorbeerblätter und den Kümmel hinzufügen und alles unter Rühren halbgar schmoren.

Dann kommen die Kürbiswürfel dazu und nach kurzer Zeit so viel Brühe, dass eine schöne dickflüssige Gulaschsoße entsteht.

Das Ganze nur so lange köcheln lassen, bis die Kürbiswürfel bissfest weich sind.

In der Zwischenzeit die Kartoffeln würfeln und kurz bevor das Gulasch fertig ist dazugeben. Salzen, pfeffern und mit Majoran abschmecken. Anschließend so lange köcheln, bis die Kartoffeln wieder heiß sind.

Mit Brot, Reis oder am besten mit Semmelknödeln reichen.

Eines sollte man beim Umgang mit dem Kürbis nicht vergessen: wie immer sitzen die meisten Vitamine unter der Schale. In der Regel kann man die Schale mitessen, vor allem, wenn die Kürbisse gerade erst geerntet wurden. Natürlich wird die Schale der Lagerkürbisse im Lauf der Zeit härter und kann beim Essen immer mehr stören. Wenn aber geschält wird, dann dünn mit dem Gurkenschäler. Außerordentlich gesund sind übrigens auch die Kerne. Für die schnelle Verwendung in der Küche empfiehlt sich das trockene Rösten in der Pfanne.

Kürbisravioli

ca. 500 g gewürfelter Kürbis (Hokkaido oder andere), ca. 100 g Ouark, 50 g fein geriebener Parmesan, Salz, Pfeffer, Muskat, Teig für Ravioli, Eiweiß, Butter

Die Kürbiswürfel ohne Fett in der Pfanne weich backen. Eventuell am Anfang ein wenig Wasser dazugießen, damit nichts anbrennt.

Den gebackenen Kürbis mit einer Gabel zerdrücken und störende Faserteile entfernen.

Das Kürbismus mit dem Quark und dem Parmesan vermengen, salzen, pfeffern und mit Muskat abschmecken.

Teig zubereiten wie unten beschrieben. Mit einer umgestülpten Tasse oder einer Plätzchenform aus dem ausgerollten Teig Kreise schneiden.

In die Mitte der Kreise so viel Füllung setzen, dass sie noch gut umgeklappt werden können. Die Ränder am besten mit Eiweiß anfeuchten und beim Zusammenklappen leicht festdrücken.

Ravioli in siedendem Wasser garen, bis sie nach oben steigen. Gut abtropfen lassen.

Inzwischen Butter erwärmen und aufschäumen lassen. Ravioli auf Teller verteilen und mit heißer Butter übergießen. Parmesan dazu reichen.

GRUNDREZEPT

Nudelteig für Ravioli

100 g Hartweizengrieß, 150 g Weizenmehl Type 1050, 2 Eier, Salz

Aus Grieß, Mehl, Eiern und Salz einen Nudelteig kneten. Nach Bedarf ein wenig Wasser einarbeiten.

Den Teig am besten 1 bis 2 Stunden ruhen lassen. Nochmals durchkneten und auf einer bemehlten Fläche ausrollen.

Nach lauter gesunden Kürbissen jetzt für unsere Süßen noch eine Nachspeise mit reichlich Zucker:

Türkischer Zuckerkürbis

800 g Kürbis, am besten Muscade de Provence, gut 200 g Zucker, ca. 50 g Walnüsse

Den Kürbis in etwa 2 cm dicke Spalten schneiden, Faserteile herauskratzen.

Kürbisspalten in einem Topf auslegen und mit dem Zucker bestreuen. Den Saft mindestens 12 Stunden ziehen lassen.

Anschließend die Kürbisspalten im eigenen Saft aufkochen und so lange schmoren lassen, bis sie weich sind.

Kürbisspalten auf einer Platte oder einem Dessertteller verteilen und erkalten lassen. Mit gehackten Nüssen bestreuen.

KÜRBISGNOCCHI MIT SALBEI- ODER CHAMPIGNONBUTTER

1 kg geschälter und gewürfelter Kürbis, Mehl, Salz, ca. 100 g Salbei- oder Champignon-Butter

Kürbis klein würfeln und ohne Fett in einer Pfanne weich backen. Eventuell am Anfang ein wenig Wasser dazugießen, damit nichts anbrennt.

Den gebackenen Kürbis mit einer Gabel zerdrücken und störende Faserteile entfernen. Das Püree mit so viel Mehl verkneten, dass ein formbarer Teig entsteht.

Den Teig salzen und auf einer bemehlten Fläche zu fingerdicken Würsten ausrollen. Davon etwa 1 cm dicke Scheiben abschneiden und mit der Gabel platt drücken.

Die Scheiben in siedendes Wasser geben. Die Gnocchi sind fertig, sobald sie aufsteigen. Abschöpfen und in einer gut vorgewärmten Schüssel ausdampfen lassen. Mit Salbei- oder Champignonbutter beträufeln und servieren.

GRUNDREZEPT

SALBEIBUTTER

Salbei, Butter, Salz, Pfeffer

Reichlich Salbei in zerlassener Butter aufschäumen lassen. Dann vom Herd ziehen, damit die Butter nicht verbrennt. Salzen und pfeffern.

GRUNDREZEPT

CHAMPIGNONBUTTER

ca. 100 g Champignons, Butter, Salz, Pfeffer, Knoblauch, Petersilie

Die Champignons putzen und je nach Größe halbieren oder vierteln. In zerlassene Butter geben.

Die Pilze kurz schmoren lassen, salzen, pfeffern und den zerdrückten Knoblauch dazugeben.

Zum Schluss kommt noch die gehackte Petersilie hinzu.

SPEISERÜBEN: ELFENBEIN UND GOLDRUBIN

Es gibt unzählige Sorten. Die meisten Leute kennen nicht einmal eine davon. Dabei klingen ihre Namen wie aus Tausendundeiner Nacht. Wie Haremsdamen heißen sie: Maschinella, Taronda, Goldrubin, Goldball, Tigra, Schneeball, Ochsenhörner (na ja), Platte Gelbe.

Auch ihre gefällig runden, fülligen Formen entsprechen dem orientalischen Schönheitsideal, und ihre Farben spiegeln den Reichtum arabischer Basare. Es gibt sie in Gold, Gelb, Rot, sogar in Violett, häufig in edlem Weiß, Elfenbein oder Perlmutt, und sogar in Schwarz. Letztere ist selbstverständlich eine bayrische Sorte und wurde erst vor kurzem als regionale Spezialität wieder entdeckt.

Aber darüber haben wir schon einmal geschrieben, als wir im Frühjahr über die Stoppelrüben berichteten. Jetzt sind sie unter der Bezeichnung Herbstrüben wieder da. Und auch im Herbst können wir wie bei den Mairüben beides essen, nämlich Kraut und Rüben. Allerdings sind zu dieser Jahreszeit die Krautblätter oft von der Witterung arg strapaziert, sie sind rauer, manchmal angefroren und sehen nicht allzu einladend aus. Dennoch: junge Blätter schmecken immer gut; wer viel Rüben im Garten hat, kann während des Wachstums einzelne Blätter abernten.

Aber besser ist es, zu Beginn des Herbstes noch einmal Stielmus auszusäen, eine Rübenart, die ins Kraut und nicht in die Rübe schießt. Bis zum ersten Frost gibt's dann jede Menge leckere Rübenblätter, exzellent im Salat und exclusiv im Nudeltopf.

Bucatini con cime di rapa

400 g Bucatini (oder andere Nudeln), ca. 400–500 g Stielmus, 1 Peperoni, Olivenöl, 40 g in Salz eingelegte Sardellen, 12 Cocktailtomaten, Salz und Pfeffer

Nudelwasser aufsetzen und Nudeln al dente kochen.

Inzwischen das Stielmus klein schneiden, die Peperoni klein hacken und beides in einer großen Pfanne unter Rühren in Olivenöl bissfest dünsten.

Zum Schluss die klein gehackten Sardellen und die halbierten Tomaten dazugeben und alles unter die heißen Nudeln mischen.

Mit Salz (vorsichtig wegen der gesalzenen Sardellen) und Pfeffer würzen.

Speiserüben mit Rucola

3 Speiserüben, 1 großer Bund Rucola, Sonnenblumenöl, Zitronensaft oder Apfelessig, Salz und Pfeffer

Rüben gut bürsten und grob raspeln. Rucola grob hacken und unter die Rübenraspel mischen.

Mit Sonnenblumenöl und Zitronensaft (oder Apfelessig) anmachen. Salzen und pfeffern.

Rübensalat mit Senf

3–4 Speiserüben, 1 TL mittelscharfer Senf, Sonnenblumenöl, Zitrone, Salz, Pfeffer, Petersilie

Rüben gut bürsten und grob raspeln. Aus Senf, Öl und Zitronensaft eine Marinade rühren, salzen und pfeffern und unter die Rüben ziehen. Petersilie grob hacken und unter den Salat mischen.

Rübensalat mit Hanf

3–4 Speiserüben, 1 Bund Petersilie, Hanföl, Zitrone, Salz und Pfeffer, Hanfkörner

Rüben gut bürsten und grob raspeln. Petersilie grob hacken und unter die Rüben mischen. Mit Hanföl und Zitronensaft anmachen. Salzen und pfeffern und die Hanfkörner untermischen.

Grünes Brot

2 Speiserüben, Apfelessig, Kürbiskernöl, Salz, Pfeffer, 2 Eier, 4 Scheiben Vollkornbrot, Butter, 100 g Frischkäse, 1 EL Kürbiskerne, 1 Bund Schnittlauch

Rüben schälen und in feine Scheiben schneiden. Mit wenig Essig und Öl anmachen. Salzen und pfeffern.

Eier in einer Schüssel verschlagen. Salzen und pfeffern und die Brotscheiben nach und nach darin wenden und sich vollsaugen lassen.

Butter in einer Pfanne zerlaufen lassen und die Brotscheiben darin bei milder Hitze beidseitig ausbacken.

Frischkäse in dünnen Scheiben auf den Broten auslegen. Die Brote bis kurz vor dem Servieren warm stellen.

Kerne trocken in der Pfanne kurz rösten. Die Rüben auf den warmen Broten verteilen, Schnittlauch und dann die Kerne darüber streuen. Sofort servieren.

Gebratene Rüben

1 kg Rüben, Butter, Öl, Salz, Pfeffer, Majoran, Essig

Rüben schälen und würfeln. Würfel in Butter-Öl-Mischung anbraten.

Dann die Rübenwürfel im vorgeheizten Rohr bei ca. 200 °C fertig gar backen. Zwischendrin durchschaufeln und mit Salz, Pfeffer und Majoran abschmecken.

Vor dem Servieren einen kräftigen Spritzer Essig darüber geben. Dazu passt Endiviensalat.

Geschmorte Speiserüben

1 kg Speiserüben, Butter (oder Butterschmalz), Mehl, ein wenig Wasser oder Brühe, 4–5 EL Crème fraîche (oder Sauerrahm), Salz, Pfeffer, Petersilie

Rüben schälen und in dünne Scheiben schneiden. In Butter oder Butterschmalz anbraten, bis sich die Ränder leicht bräunen. Mit wenig Mehl bestäuben und mit ein paar Löffeln Brühe ablöschen.

Die Crème fraîche unterheben und alles unter Rühren so lange braten, bis die Flüssigkeit eingedampft ist. (Die Rübchen sollten von einer dünnen Rahmschicht überzogen sein, aber nicht in einer Rahmsoße schwimmen.)

Salzen, Pfeffer darüber mahlen und das Gericht mit gehackter Petersilie bestreuen. Passt sehr gut zu Getreidepflanzerln.

Rübengratin

1 kg Speiserüben, Butter, Salz, Pfeffer, 3/4–1 l Gemüsebrühe, 200 ml Sahne, 100 g Emmentaler

Speiserüben gut bürsten und in Scheiben schneiden. Eine Reine ausbuttern, die Rüben salzen und pfeffern und in Schichten hineinlegen.

Dann die Rüben mit der Brühe übergießen und im Rohr bei ca. 200 °C etwa 30 Minuten backen.

Die Sahne mit dem geriebenen Käse verrühren und über den Rüben verteilen. Fertig backen, bis alles schön braun ist.

Glasierte Teltower

1 kg Teltower Rübchen, 60 g Butter, 2 EL Mascobado-Vollrohrzucker, 1/4 l Gemüsebrühe, Salz, Pfeffer

Die Rübchen unter fließendem Wasser bürsten, größere Rübchen halbieren oder vierteln, kleine ganz lassen.

Die Butter in einem Topf zerlassen und den Mascobado-Zucker unterrühren. Die Rübchen dazugeben und bei mittlerer Hitze darin unter Wenden anbraten, bis sie ganz mit der karamellisierten Masse überzogen sind.

Die Gemüsebrühe (oder Wasser) zugeben und die Rübchen bei schwacher Hitze in etwa 35 Minuten weich dünsten. Die Flüssigkeit sollte bei Ende der Garzeit fast völlig verdampft sein. Salzen und Pfeffern.

Schmeckt gut zu Kartoffelgratin oder als Beilage zu Rindfleischgerichten.

Pichelsteiner

300 g Speiserüben, 200 g Gelbe Rüben, 1 Petersilienwurzel, 1 kleine Knolle Sellerie, 500 g Kartoffeln, 1-2 Stangen Lauch, 1/2 Kopf Weißkraut, 500 g Suppenfleisch (vom Rind), Butter (oder wie im Originalrezept Rindermark), Salz, Pfeffer, Muskat, ca. 1/2 l Gemüsebrühe, Petersilie

Alle Rüben, die Petersilienwurzel, den Sellerie und die Kartoffeln in Scheiben, den Lauch in Ringe und das Weißkraut in Streifen schneiden. Das Fleisch würfeln.

In einem Topf die Butter (oder das Mark) zerlassen und eine Schicht Kartoffeln darin auslegen. Darauf kommt eine Schicht Rüben, Wurzeln und Knollen mit Lauch und Kraut, darauf eine Schicht Fleisch, darauf wieder Kartoffeln usw. Die letzte Schicht sollten Kartoffeln sein. Die einzelnen Schichten mit Salz, Pfeffer und Muskat würzen.

Gemüsebrühe dazugeben und Deckel drauf. Das Ganze nur leicht etwa 1 1/2 Stunden köcheln lassen. Mit gehackter Petersilie bestreut servieren.

Der traditionelle Pichelsteiner-Topf kommt aus den Bayrischen Wald, und unser Rezept ist natürlich falsch. Die Waldler schreiben nämlich dreierlei Fleisch vor, Lamm, Schwein und Rind, und davon selbstverständlich die doppelte und dreifache Menge. So steht's zumindest in den Kochbüchern der original waldlerischen Kuchl. Trotzdem entspricht unser Rezept wahrscheinlich eher der historischen Realität, und die Kochbücher mehr den Wunschvorstellungen bayrischer Traditionsköche. Letztere orientierten sich mit Vorliebe an der Herrschaftsküche und ließen die Realität in den Töpfen der einfachen Leute gerne außer Acht. Natürlich stehen auch die Speiserüben als Pichelsteiner-Zutat in keinem Kochbuch, obwohl diese als Weißrübe oder Bayrische Rübe typischere Bestandteile in der Kost der Bevölkerung waren als Gelbe Rüben und anderes Gartengemüse.

Wer einen Keller hat, kann die Hauptzutat für das folgende seltene, aber exzellente Gericht selbst herstellen. Einfach ein paar Rüben im warmen Keller in feuchten Sand einschlagen und warten, bis die Rüben – ähnlich wie der Chicorée – weiße Sprossen bilden.

Rübensprossen

Rübensprossen, Butter oder Olivenöl, Salz und Pfeffer

Die Rübensprossen abernten, säubern und gegebenenfalls halbieren. In Butter oder Olivenöl braten, bis die Ränder leicht gebräunt sind. Salzen und pfeffern.

Wahrscheinlich aus einer Kreuzung unserer Speiserübe mit dem Kohlrabi ist vor langer Zeit die Steckrübe entstanden. Eine echte Spezialität, aber wie ihr bayrischer Zweitname „Dotschen" verrät, teilte sie das Schicksal aller Rüben: so richtig gerne aß man sie nur „veredelt", also über den Umweg der Schweinemast. Mehr Sachverstand zeigt man im Norden, wo es sogar ein Steckrübengericht mit dem strammen Namen „Hamburger National" geben soll.

Steckrübensuppe

400 g Steckrüben, 1 Gelbe Rübe, 300 g vorwiegend fest kochende Kartoffeln, 1 Zwiebel, 25 g Butter, Oliven- oder anderes Öl, 1 l Wasser oder Gemüsebrühe, 1 Stange Lauch, 1 EL mittelscharfer Senf, Sojasoße, Salz, Pfeffer, eventuell Kresse

Rüben, Kartoffeln und Zwiebel würfeln. Zwiebel in Butter-Öl-Mischung anbraten.

Rüben und Kartoffeln dazugeben, mit Wasser oder Brühe aufgießen und in ca. 20 Minuten bissfest weich köcheln.

Am Schluss den in Streifen geschnittenen Lauch dazugeben. Den Senf einrühren und mit Sojasoße, Salz und Pfeffer abschmecken. Nach Belieben noch Kresse darüber streuen.

Muschelnudeln in Rübenbrodo

500 g Steckrüben, 200 g Gelbe Rüben, 300 g Kartoffeln, Lorbeerblätter, Olivenöl, Salz, Pfeffer, 1 l Wasser oder Gemüsebrühe, 250 g Muschelnudeln oder braune Hörnchen, 1/2 TL Majoran, 1 Bund Petersilie

Steckrüben, Gelbe Rüben und Kartoffeln würfeln und zusammen mit den Lorbeerblättern in Olivenöl leicht anbrennen lassen, sodass sich im Topf eine leicht braune Schicht anlegt.

Salzen und pfeffern und mit Wasser oder Gemüsebrühe auffüllen. Gut verrühren. Nudeln dazugeben und so lange köcheln, bis sie bissfest gar sind. Zum Schluss kommen noch Majoran und gehackte Petersilie dazu.

Steckrübenpüree

Steckrüben, Salz, Olivenöl oder Butter

Steckrüben schälen, würfeln und mit wenig Wasser weich dünsten. Mit dem Kartoffelstampfer zerdrücken. Salzen. Entweder Butter einarbeiten oder bei Tisch mit Olivenöl beträufeln.

STECKRÜBENGRATIN MIT SBRINZ

600 g geschälte und gewürfelte Steckrüben, 1/8 l Sahne, 2 Eier, Salz, Pfeffer, Muskat, Butter, 2-3 EL geriebener Sbrinz (oder Parmesan oder anderer Hartkäse), 2-3 EL Semmelbrösel

Steckrüben im Dünsteinsatz oder mit ganz wenig Wasser weich dünsten.

Dann zusammen mit der Sahne und den verschlagenen Eiern zu einem Püree zerstampfen. Salzen, pfeffern und mit Muskat abschmecken.

Eine Auflaufform ausbuttern und das Püree darin verteilen.

Den Käse mit den Semmelbröseln mischen und das Streckrüben-Püree damit bestreuen. Butterflöckchen aufsetzen.

Das Ganze bei ca. 200 °C im Ofen so lange backen, bis der Gratin goldbraun aus dem Ofen leuchtet.

Mit Brot und Salat servieren. Passt auch zu kurz gebratenem Fleisch.

GEBACKENE STECKRÜBEN

Steckrüben, Salatblätter, gesalzene Kräuterbutter

Steckrüben je nach Größe halbieren oder vierteln und in Salatblätter (ersatzweise Alufolie) einwickeln und im Backrohr backen, bis sie bissfest weich sind. Mit Kräuterbutter servieren.

Beinahe hätten wir sie in diesem Buch vergessen. Die wichtigste und berühmteste aller Speiserüben: die Gelbe Rübe oder Karotte oder Möhre. Sie ist so populär und so allgegenwärtig, dass wir sie kaum noch wahrgenommen haben. Aber das ist nicht weiter schlimm. Rezepte mit Gelben Rüben finden sich überall, und dass die Karotte gesund ist und viel Provitamin A (Carotin) enthält, sagt uns schon ihr Name. Wenn eine Rübe keine Werbung braucht, dann die Gelbe. Sie isst sich praktisch von alleine. Aber noch besser als alleine schmeckt sie zusammen mit Öl oder Butter und Petersilie.

GELBE RÜBEN MIT PETERSILIE

Gelbe Rüben, Olivenöl oder Butter, Salz, Petersilie

Gelbe Rüben in Scheiben schneiden und in Olivenöl oder Butter mit wenig Wasser weich dünsten. Salzen und mit fein gehackter Petersilie bestreuen.

Tipp: Gelbe Rüben wahlweise mit Erbsen, Busch- oder Stangenbohnen mischen. Oder mit Zucchini und viel Knoblauch.

LANGSAM ZURÜCK ZU DEN WURZELN

Mit dem „Zurück zu den Wurzeln" klappt es doch nicht ganz so schnell, wie wir uns das vorstellen. Erst müssen die Wurzeln nämlich irgendwo aufzutreiben sein, ehe sie wieder fester Bestandteil unserer Speisekarte werden können.

Vor allem müssen sie unsere Gemüsegärtner erst einmal wieder anbauen, selbst auf die Gefahr hin, dass viele Kunden noch nichts Rechtes damit anfangen können. Die erfolgreiche Wiedereinbürgerung von Petersilienwurzel und Pastinake zeigt aber, dass Zeit und Esser reif sind für eine Hinwendung zu mehr kulinarischer Erdung und Bodenhaftung.

Kerbelrübe, Mangel-, Zucker- und Haferwurzel stehen noch auf der Liste der wieder zu entdeckenden Genüsse. Von ihren Inhaltsstoffen, ihrer Verträglichkeit und ihrer Heilwirkung her entsprechen sie bestens den Anforderung an modernes Functional Food, und auch die Zubereitungsmethoden überfordern den Menschen der Wissens- und Informationsgesellschaft nicht allzu sehr. Schön zurecht geschnitzt erfüllen sie zudem die Vorgaben anspruchsvollsten Food Designs.

Mit den Rüben und Wurzeln setzt eine innovative Ernährungswissenschaft völlig neue Maßstäbe: Nicht mehr aus und dem Labor kommt zukunftsfähige Nahrung, sie ist vielmehr Ergebnis einer Art Food-Archäologie.

Kein Wunder, dass man beim Ausgraben der Vergangenheit besonders häufig auf verborgene Wurzeln stößt. Noch aber sind sie nicht alle angekommen in den Gärten und auf den Märkten. In freudiger Erwartung ihrer baldigen Rückkehr kochen wir solange erst einmal mit Schwarzwurzeln.

Rohe Wurzeln

400 g Schwarz- oder andere Wurzeln, Zitrone, Apfelessig, Sonnenblumen- oder Hanföl, Salz, Pfeffer, Schnittlauch

Wurzeln abschaben, grob raspeln und sofort mit reichlich Zitronensaft beträufeln.

Mit wenig Essig, Öl, Salz und Pfeffer anmachen. Schnittlauchröllchen darüber streuen.

Als Beilage oder auf geröstetem Brot servieren.

Wurzelsalat

400 g Schwarz- oder Haferwurzeln, 1 Zitrone, Oliven- oder Sonnenblumenöl, Salz, Pfeffer, Petersilie, 1 Kopf Endivie oder Radicchio

Wurzeln abschaben, in ca. 4 cm lange Stücke schneiden und in wenig Wasser mit dem Saft der Hälfte der Zitrone weich dünsten.

Das heiße Kochwasser mit Zitronensaft, Öl, Salz und Pfeffer abschmecken und zusammen mit der fein gehackten Petersilie über den Salat geben.

Endivien- oder Radicchioblätter in mundgerechte Stücke reißen und auf die Teller verteilen. Wurzelsalat darauf anrichten.

Wurzlsuppn

1 kleine Zwiebel, Butter, 1/2 l Gemüsebrühe, 400 g Schwarz- oder andere Wurzeln, Zitrone, 1/8 l Sahne, 2 Eigelb, Salz, Pfeffer, Petersilie

Zwiebel klein hacken und in heißer Butter glasig dünsten. Mit 1/4 Liter der Gemüsebrühe aufgießen.

Wurzeln abschaben, in Stücke schneiden und zusammen mit ein paar Spritzern Zitronensaft sofort in die heiße Brühe geben und bissfest weich dünsten.

Alles mit dem Mixer pürieren, mit der restlichen Gemüsebrühe aufgießen und einmal aufkochen.

Sahne mit den Eigelben gut verschlagen und anschließend in die heiße Suppe einrühren. Die Suppe darf nicht mehr kochen!

Mit Salz und Pfeffer aus der Mühle abschmecken. Fein gehackte Petersilie darüber streuen. Fertig!

Tipp: Wer was zum Beißen will, kann Champignons oder Austernpilze, oder Wildpilze kurz in Butter anbraten und vor dem Servieren in die Suppe einlegen. Wer es bescheidener haben will: geröstete Semmel- und Brotwürfel tun's auch.

GEBACKENE WURZELN MIT RIGATONI

500 g Schwarz- oder andere Wurzeln, Salz, Zitrone, 2–3 Tomaten oder 12 Kirschtomaten, Butter oder Olivenöl, 400 g fertig gekochte Rigatoni, 1 Glas Weißwein, Pfeffer, 0,2 l Sauerrahm oder Crème fraîche, 50 g geriebener Hartkäse, Semmelbrösel

Wurzeln abschaben, in ca. 4 cm lange Stücke schneiden und in wenig kochendem Salzwasser mit einigen Spritzern Zitronensaft bissfest weich kochen.

Tomaten überbrühen, schälen und würfeln oder Kirschtomaten halbieren. Wurzeln abseihen und Flüssigkeit auffangen.

Eine Reine mit Butter oder Öl ausstreichen. Die Nudeln, die Wurzeln und die Tomaten darin mischen. Alles salzen und pfeffern.

Einen dickflüssigen Guss aus der Kochflüssigkeit, der Crème fraîche und dem geriebenen Käse herstellen und über die Nudel-Wurzel-Mischung gießen.

Mit Semmelbröseln bestreuen. Wer will, kann noch Butterflöckchen aufsetzen.

Bei etwa 200 °C im Backrohr etwa 30 Minuten schön goldbraun backen. Mit Salat servieren.

MANGOLDWURZEL-EIERKUCHEN

ca. 500 g Mangoldwurzel (oder Schwarz- bzw. Haferwurzel, oder Rüben), 6 Eier, etwa 1/4 l Sauerrahm oder Crème fraîche, ca. 80 g Parmesan oder anderer alter Hartkäse, eventuell etwas Milch, Salz; bei Verwendung von Mangoldwurzeln auch deren Blätter verwenden, falls andere Wurzeln oder Rüben zum Einsatz kommen: ca. 500 g Mangoldblätter oder Spinat, Butter oder Butter-Öl-Mischung, 2 Knoblauchzehen, 10–12 Blätter Salbei, Pfeffer

Mangoldwurzeln in wenig Wasser weich dünsten. Sehr große oder dicke Wurzeln in Hälften oder Spalten schneiden. Abkühlen lassen, schälen und in dünne Scheiben schneiden.

Die Eier mit dem Sauerrahm und dem Käse vermischen. Falls der Rahm zu fest ist, mit Kochwasser (oder ein wenig Milch) verquirlen, sodass ein dickflüssiger Eierguss entsteht. Salzen und beiseite stellen.

Mangoldwurzelblätter (bzw. Spinat) in mundgerechte Stücke schneiden. Butter oder Butter-Öl-Mischung in der Pfanne erhitzen. Gehackten Knoblauch und klein geschnittenen Salbei hineingeben.

Jetzt die Mangoldwurzelblätter hinzufügen und kurz schmoren lassen, bis sie zusammenfallen. Nun kommen die geschnittenen Wurzeln dazu. Salzen und pfeffern.

Das Ganze erneut kurz schmoren lassen, dann den Eierguß darüber gießen und das Gericht im auf 180 °C vorgeheizten Rohr stocken lassen. Die Oberfläche soll noch leicht cremig sein.

In Stücke schneiden und mit Reis, Brot oder Kartoffelbrei und Salat servieren. Schmeckt auch kalt.

WURZELPOMMES MIT RÜBENBLÄTTERN

1 kg Mangold- oder andere Wurzeln (oder Rüben), Olivenöl oder gutes Frittieröl, 2 Zweige frischer oder 1 gestrichener TL getrockneter Rosmarin, etwa 10 Salbeiblätter, Salz, Pfeffer, Blätter der Mangoldwurzel (falls andere Wurzeln oder Rüben verwendet werden: Blätter der Roten Rüben oder vom Kohlrabi, oder einfach Blattmangold oder Spinat), Knoblauch und Muskat nach Belieben

Wurzeln schälen und schneiden wie Pommes. Das geht am besten, wenn man mit der Brotmaschine gleichmäßige Scheiben schneidet und diese dann mit der Hand in Stifte. Einfache Schnitze gehen auch, wenn man nicht hartgesottene Fastfood-Traditionalisten überzeugen will.

Stifte entweder wie Pommes frittieren oder in heißem Öl in der Pfanne unter ständigem Durchschaufeln von allen Seiten anbraten.

Rosmarinnadeln und gehackten Salbei dazu und das Ganze im vorgeheizten Rohr fertig backen. Zwischendrin durchschaufeln. Salzen und pfeffern.

Inzwischen die Rübenblätter klein schneiden und in Olivenöl und wenig Wasser bissfest weich dünsten. Wer will, kann klein geschnittenen Knoblauch mitschmoren. Salzen, pfeffern und nach Belieben Muskat darüber streuen.

Pommes und Blattgemüse auf vorgewärmten Tellern anrichten. Passt auch zu kurz gebratenem Fleisch (z.B. Lamm-, Schweins- oder Kalbskotelett).

Die Wurzelblätter schmecken natürlich nur gut, solange sie frisch und jung sind. Im Herbst werden sie zusehends ungenießbarer, bis sie ganz abgefroren sind. Blätter also möglichst jung verzehren. Am gesündesten sind sie natürlich roh, aber das ist nicht Jedermanns Sache. Erstens sind sie in diesem Zustand ausgesprochen zäh, und zweitens kratzen sie roh den meisten Leuten im Hals. Die alte Bezeichnung Beißkohl für den Mangold dürfte in dieser Eigenschaft unserer Wurzeln verwurzelt sein.

AUSGEBACKENE WURZELN KLASSISCH

500 g Wurzeln, 1 Ei, 6 EL Mehl, 1 Glas Weißwein, Petersilie, Zitrone, Salz und Pfeffer, Olivenöl

Wurzeln in etwa 4 cm lange Stücke schneiden und bissfest weich dünsten.

Das Ei verschlagen und mit dem Mehl, dem Wein, der fein gehackten Petersilie und der geriebenen Zitronenschale zu einem dünnflüssigen Pfannkuchenteig verrühren. Salzen und pfeffern.

Wurzeln durch den Teig ziehen und in der Pfanne in heißem Öl ausbacken. Mit Zitronenspalten zum Beträufeln servieren.

Passt als Vorspeise oder – dann aber mindestens die doppelte Menge zubereiten – als Hauptspeise mit Salat.

URIGES WURZELWERK

Die Schwarzwurzel kann bei diesen Rezepten so lange einspringen, bis wir unsere historischen Wurzeln wieder finden. Sie kommt ursprünglich aus Spanien, heißt dort „escorzonera", was „Schwarze Viper" bedeutet, und schmeckt trotz des garstigen Namens hervorragend. Schon unter den Römern bewährten sich ihre Säfte als Heilmittel gegen Schlangenbisse und angeblich sogar gegen die Pest.

Neben vielen Vitaminen enthält sie große Mengen an Kalium, Kalzium, Phosphor und Eisen. Sie reinigt, desinfiziert, hilft bei der Erneuerung der Zellen, und ihre Kohlenhydrate bestehen zum großen Teil aus Inulin, das vom Körper zu einer besonders gut verträglichen Zuckerform aufgespalten wird. Grund genug (vor allem für Diabetiker), regelmäßig Schwarzwurzel zu essen. Lediglich ihre schwarze Schale hindert manchen von uns am häufigeren Konsum. Die Köchinnen kriegen vom Schälen schwarze Finger und sollten deshalb Gummihandschuhe anziehen, meinen die besorgten Herren Rezeptautoren.

Die Weiß- oder Haferwurzel wird allgemein als Schwester der Schwarzwurzel bezeichnet. Wie unter neidischen Schwestern üblich, wurde sie von dieser weitgehend verdrängt, und zwar bereits im ausgehenden Mittelalter. Bis dahin war die Haferwurzel, auch Bocksbart genannt, ein beliebtes Gemüse. Schon Albertus Magnus lobte sie ob ihres guten Geschmacks und bezeichnete die Pflanze als „oculus porchi", was „Schweinsauge" bedeutet. Nicht sehr schmeichelhaft; die englische Bezeichnung „Vegetable Oyster" (Gemüseauster) ist da schon eleganter.

Und treffender. Denn die Haferwurzel ist von äußerst nussigem Geschmack und feinem Duft, und ihr Ruf in der Fachliteratur als Ausgangsprodukt hervorragender Cremesuppen ist geradezu legendär. Auf alle Fälle ist ihr Anbau im Garten und ihre Verwendung in der Küche hoch interessant und bei ein bisschen Engagement auch kein Problem.

Die Mangelwurzel ist nichts anderes als die Mangoldwurzel (Siehe Bild Seite 146). Der Mangold hat ja eine recht interessante Verwandtschaft, wie die Rote Rübe oder die Zuckerrübe, was erklärt, dass es ihn nicht nur als Blattfrucht, sondern auch als Wurzelgemüse gibt. Gezüchtet, gepflegt und gegessen wurde die Mangoldwurzel praktisch schon seit Menschengedenken, und am besten muss eine Kulturform geschmeckt haben, die schon in den Gärten des babylonischen Königs mit dem schönen Namen Merodachbaladan kultiviert worden ist. Das war etwa Siebenhundert vor Christus. Essen kann man bei der Mangold-wurzel übrigens auch die Blätter, die in Form, Farbe und Geschmack aber eher an Spinat als an Mangold erinnern.

NOCH RADIKALER NOCH MEHR RADI

Der Name Meerrettich hat nichts mit dem Meer zu tun, sondern bedeutet angeblich „Noch mehr Rettich". Ein Radi der Superlative also. Wer eine Nase voll davon abbekommen hat, kann das bestätigen.

Es ist das Beißende, das schmerzhaft Atemberaubende und das zu Tränen Rührende, was wir Menschen lieben. Dabei sind es keine dunklen seelischen Abgründe, keine selbstquälerischen Neigungen, die uns zum Meerrettich greifen lassen, sondern das Erlebnis einer befreienden Reinigung, lustvollen Schneuzens und geistigen Durchatmens. Und tatsächlich reinigen die scharfen Senföle den Kopf von allerhand Flausen, da sie die Durchblutung fördern und so Klarheit und Sauerstoff nach oben pumpen. Neben einem sehr hohen Vitamin-C-Gehalt sind es diese antibiotisch wirkenden Senföle, die den Meerrettich zu einem hervorragenden Lebensmittel mit Heilwirkung machen. Functional Food heißt das heutzutage.

Meerrettich hilft bei Grippe, Asthma, Katarrhen, Rheuma und Gicht und gilt außerdem als wirksamer Blutdrucksenker. Selbst äußerlich kann er angewandt werden: bei Kopfschmerzen kann man ihn klein gehackt auflegen, oder wenn es darum geht, verstopfte Nasen- und Nebenhöhlen frei zu räumen. Aber Vorsicht! Um Verätzungen zu vermeiden, nie direkt auf die Haut und nicht zu lange auflegen. Um Risikos und Nebenwirkungen auszuschließen, fragen sie dann doch lieber ihren Heilpraktiker oder naturheilkundlichen Arzt.

Roher Meerrettich

Reichlich grob geraffelter Meerrettich passt immer zu Quark oder Frischkäse, in den Salat, zu gekochten Kartoffeln mit Butter, zu Schinken, zu heißen Würsteln, gekochtem Fleisch oder geräuchertem Fisch.

Meerrettichquark

400 g Meerrettich, Salz, 200 g vollfetter Speisequark, ca. 1 EL Zitronensaft

Meerrettich grob raffeln, mit Salz und Quark vermischen und mit Zitronensaft abschmecken.

Passt zu Getreidebratlingen, gekochtem Rind- oder Lammfleisch oder Pellkartoffeln, oder zum Frühstücksbrot. Wer es nicht so kräftig mag, reduziert einfach die Meerrettichmenge.

Meerrettich mit Johannisbeergelee im Frischkäse

100 g Johannisbeergelee, Meerrettich, Frischkäse

Johannisbeergelee mit am besten frisch geriebenem Meerrettich vermischen. Frischkäse in Scheiben schneiden und das Gelee Schicht für Schicht dazwischen streichen. In Frischhaltefolie verpacken und ein paar Stunden im Kühlschrank lagern. Dann den Frischkäse von oben nach unten in Scheiben schneiden und auf den Tellern anrichten.

Richtig guten Frischkäse bekommt man heute kaum noch. Unter Frischkäse versteht man einen festen, bereits schnittfesten Weißkäse, der also eine Spur stabiler ist als ein guter Quark. Hergestellt wird diese Käseart in Handarbeit durch das Verschöpfen des Käsebruchs in Formen. Man bezeichnet ihn auch als Schichtkäse. Da keine Molkerei sich diese Arbeit macht, gibt es – bis auf Ausnahmen – nur verrührten Frischkäse, der durch Abfüller gepresst wird und einfach nicht so schmeckt wie ein guter handgeschöpfter Schichtkäse.

Endivien-Kartoffel-Salat mit Meerrettich

800 g fest kochende Kartoffeln, 1 Zwiebel, 1/8 l Gemüsebrühe, 4–5 EL Weißwein- oder Apfelessig, Salz, Pfeffer, ca. 2 EL frisch geriebener Meerrettich, 1 mittlerer Kopf Endivien, 4–5 EL Sonnenblumenöl

Kartoffeln (eventuell schon am Vortag) in der Schale kochen und erkalten lassen. Schälen und in Scheiben schneiden. Zwiebel fein hacken und untermengen.

Brühe aufkochen und mit Essig, Salz und Pfeffer abschmecken. Die heiße Essigbrühe über die Kartoffeln schütten und mindestens 1/4 Stunde ziehen lassen. Zwischendrin die Kartoffeln durch- und den Meerrettich untermischen.

Endivien in Streifen schneiden, mit Essig, Salz und Pfeffer abschmecken und mit dem Kartoffelsalat vermischen. Jetzt erst das Öl dazugeben und das Ganze nochmals abschmecken.

Schmeckt zu Fleisch- und Getreidepflanzerln, zu Würsteln oder gekochtem Rindfleisch.

Natürlich kann man einen Kartoffelsalat auch mit zahlreichen anderen Gemüsen kombinieren. *Siehe dazu auch* einfach buono! *Seite 67.*

Meerrettichsosse mit gebackenen Roten Rüben

8 kleine oder 4 große, halbierte Rote Rüben, einige große Salatblätter (als Alternative zur Alufolie), 1/4 l Gemüsebrühe, ca. 200 ml Crème fraîche, 1 Eigelb, 3 EL frisch geriebener Meerrettich, nach Belieben 1 EL fein geriebene Zitronenschale, Salz, Pfeffer

Die gut gewaschenen Roten Rüben in Salatblätter einwickeln und im Backrohr backen, bis sie bissfest weich sind. Das kann bis zu 1 Stunde dauern. Am besten einfach mitbacken, wenn ein Kuchen, eine Pizza oder Ähnliches gebacken wird.

Inzwischen Gemüsebrühe zum Kochen bringen und mit dem Schneebesen die Crème fraîche einrühren und cremig einkochen lassen.

Eigelb mit etwas Wasser (oder Brühe) gut verquirlen und die Soße damit binden. Meerrettich und gegebenenfalls Zitronenschale einrühren und mit Salz und Pfeffer abschmecken.

Gebackene Rote Rüben häuten und die Soße darüber geben.

Die Soße schmeckt auch zu Pellkartoffeln, Getreidebraten und fränkischen Kartoffelklößen. Und zu gekochtem Fleisch.

Apfelkren

2 EL Gemüsebrühe, 3 EL frisch geriebener Meerrettich, 2–3 EL Sonnenblumenöl, Essig, Salz, Pfeffer, 2 kleine säuerliche Äpfel, nach Belieben geschlagene Sahne

Gemüsebrühe erhitzen und den Meerrettich in die heiße Brühe einrühren. Nicht kochen lassen!

Das Öl tropfenweise unterrühren. Mit Essig, Salz und Pfeffer abschmecken.

Vor dem Servieren die frisch geriebenen Äpfel untermischen. Wer will, kann noch Sahne unterziehen.

Passt gut zu einer Mischung aus gedünstetem Gemüse wie Kartoffeln, Gelben Rüben, Wirsing oder Lauch.

Übrigens, Hände weg vom „Heislkren"! Das sind die dicken, schönen, völlig überdüngten Meerrettichstangen, die schlecht lagern, kaum schmecken, nicht scharf genug sind. Meerrettich bevorzugt nährstoffreiche Böden und bringt es deshalb auf Kosten von Geschmack und Inhaltsstoffen gerne zu prächtigem Aussehen. Der Begriff Heislkren kommt aus Österreich und warnt die Kenner vor den schönen Stangen, die in den aus- und überufernden Schlämmen der „Heisl" (Plumpsklos) gewachsen sind.

Krenkartoffeln

3–4 EL frisch geriebener Meerrettich, 1/4 l Milch, 1 Zwiebel, 1 EL fein gemahlener Weizenschrot, Butter, 3/4 l Gemüsebrühe, 800 g gekochte Kartoffeln, Salz

Frisch geriebenen Meerrettich in die Milch einrühren und ca. 1/4 Stunde stehen lassen.

Inzwischen die Zwiebel hacken. Dann Weizenschrot und Zwiebel in Butter zu einer hellen Einbrenne anrösten.

Einbrenne mit der Gemüsebrühe ablöschen, alles gut durchrühren und eine Weile köcheln lassen.

Meerrettichmilch dazugeben, einrühren, und dann die in Scheiben geschnittenen Kartoffeln hinzufügen.

Alles so lange köcheln lassen, bis die Kartoffeln gut durch sind. Aber nicht zu stark kochen lassen! Salzen.

Apfel-Meerrettich-Mus mit Kartoffelschmarrn

1/2 kg Äpfel, wenig Wasser, ca. 1 EL Mascobado-Vollrohrzucker, 1 EL fein geriebene Zitronenschale, 1–2 EL frisch geriebener Meerrettich, Kartoffelschmarrn

Äpfel schälen, Kernhaus entfernen und die Äpfel würfeln. Mit wenig Wasser, dem Zucker und der Zitronenschale zu einem Apfelmus verkochen.

Abkühlen lassen und den frisch geriebenen Meerretich einrühren.

Kartoffelschmarrn herstellen wie auf Seite 178 beschrieben und dazu servieren.

Um eine Spielart des „Mehr-Rettich" handelt es ich auch beim Schwarzen Rettich, der jetzt hoffentlich in vielen Kellern lagert. Die ganze Rettich-Power konservieren die schwarzen Vitaminbomben bis in den Frühling hinein. Regelmäßig in den Salat oder aufs Brot geraffelt versorgen sie uns über die langen Wintermonate hinweg mit reichlich Vitamin C, antibiotischen Senf- sowie ätherischen Ölen, wie etwa dem Raphanol. Radikal putzen sie durch und räumen auf mit Bakterien, Pilzinfektionen und Viren. Kein Wunder, dass Erkältungen einen großen Bogen um die Radi-Esser schlagen. Und wenn alles nichts hilft, dann gibt's Schwarzen Rettichsaft mit Honig. Da wird auch der hartnäckigste Kranke gerne gesund.

Radi-Kalkur: Rettichsaft

Schwarze Rettiche, Honig

Deckel von den Rettichen abschneiden und Rettiche aushöhlen. Mit einer Stricknadel drei Löcher in die Böden der Rettiche bohren. Honig einfüllen. Deckel wieder drauf.

Rettiche auf eine Tasse mit etwas kleinerem Durchmesser als die Rettiche stellen. An einem warmen Ort aufstellen. Nach wenigen Tagen sammelt sich der fertige Hustensaft in der Tasse. 3 x täglich 1 Löffel!

Klassisches Radigmüas (Rettichsalat)

Schwarzer Rettich, Salz, Pfeffer, Sonnenblumennöl, Apfelessig

Rettich fein abschälen oder abschaben, grob raspeln und mit den übrigen Zutaten anmachen. Passt unbegrenzt zu allem. Traditionell wird das Radigmüas zu Geselchtem und Knödeln verspeist.

Tipp: Rettich verliert mit einer Soße auf der Grundlage von Milchprodukten an Schärfe und Geruch. Wer's also etwas dezenter haben will, rührt Sauerrahm, Crème fraîche, Joghurt oder Buttermilch in die Salatsoße. Wer will, kann noch reichlich saubere Blätter vom Winterpostelein darüber streuen.

Rettichsalat im Rinderschinken

1 schwarzer Rettich, 1 Zwiebel, 4 EL Crème fraîche, Salz, Pfeffer aus der Mühle, Zitrone, Kresse, 4 dünne Scheiben Rinderschinken

Rettich fein abschälen oder abschaben, grob raffeln. Zwiebel in ganz feine Ringe schneiden.

Mit Crème fraîche, Salz, Pfeffer und Zitronensaft abschmecken. Kresse untermischen.

Den Rettichsalat in den Rinderschinken einrollen.

Passt als Vorspeise oder zum Buffet.

Variante: Statt Rinderschinken können auch Radicchioblätter verwendet werden.

Schwarzer Rettich mit Kürbiskernöl

2 Schwarze Rettiche, 2 EL Kürbiskernöl, Zitrone, Salz, Pfeffer, Kürbiskerne

Rettich fein abschälen oder abschaben, grob raffeln und mit Öl, Zitronensaft, Salz und Pfeffer anmachen.

Kürbiskerne trocken in der Pfanne rösten und darüber streuen.

Passt auf dem Salatteller geschmacklich und farblich gut mit einem Rote-Rüben-Salat zusammen.

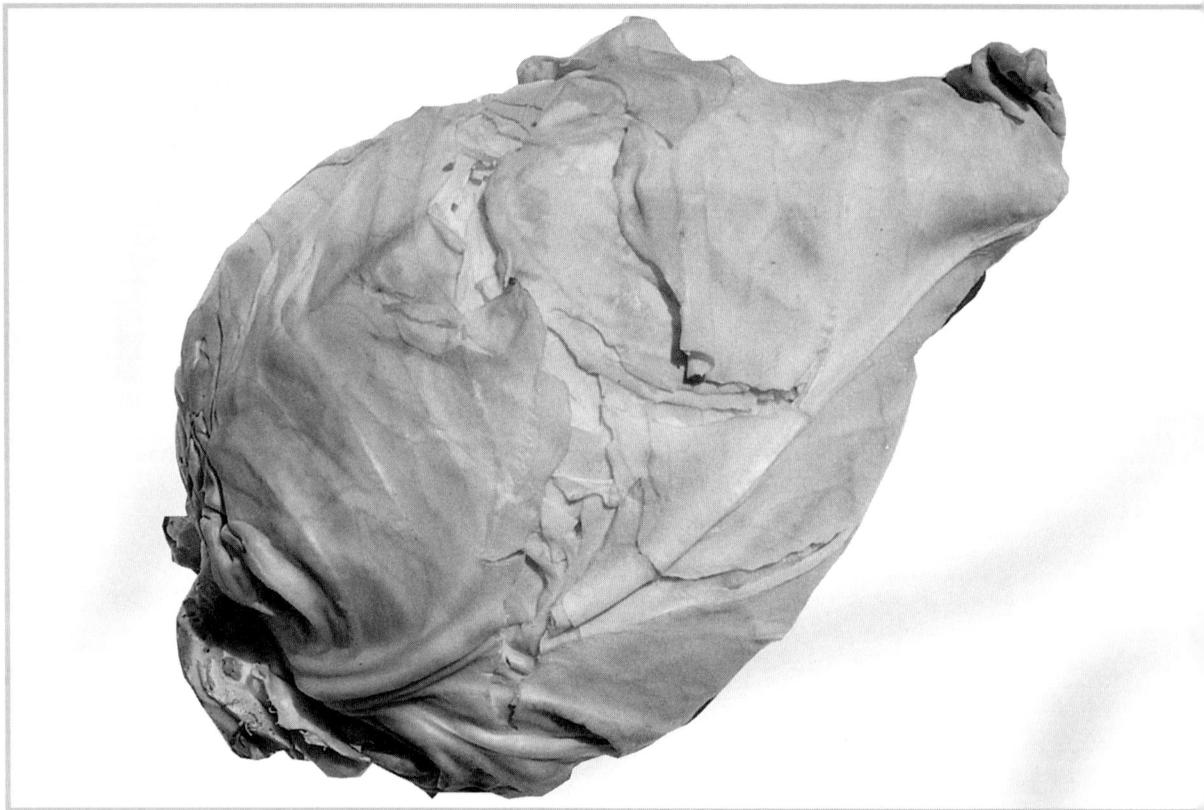

UND SCHON WIEDER KOHL: ROSEN, SPITZ UND SAUER

Wir Deutsche sind ein Volk von Krauts. Es bedurfte des historischen Scharfblicks der amerikanischen und englischen Besatzungsmacht, um die ursprünglichsten Wurzeln deutscher Identität unter den Bruchstücken nationalen Größenwahns auszugraben.

Das Kraut in den Tellern verband die Menschen in diesem unserem Lande zwar nicht immer aufs Angenehmste, wenn man an die Kohlgerüche denkt, die oft die ganze Republik vernebelten. Aber es begleitete uns treu die ganze Geschichte hindurch. Und bis heute schmeckt uns das Kraut, ob als große Kugeln, spitz oder kleine Röschen gewachsen, ob frisch oder, zu Sauerkraut vergoren, aus Krautfässern, Kübeln und Dosen.

Krautsalat

1 Kopf Weißkraut, Salz, 1 TL Kümmel, Weißweinessig, Sonnenblumenöl, Pfeffer, 1/2 Bund Petersilie

Weißkraut fein hobeln, salzen, Kümmel dazu und 10 bis 15 Minuten ziehen lassen. Leicht mit dem Fleischklopfer stampfen und mit Essig, Öl, Pfeffer und fein gehackter Petersilie abschmecken.

Tipp: Paprika in ganz feine Ringe hobeln und unters Kraut mischen.

Krautsalat mit Speckknödeln kennen wir aus unseren Ferien in Tirol. Fleischlose Alternativen dazu gibt's genug. Wir erinnern an die Käseknödel, an Nocken und an die Auberginenknödel von Seite 108. Wem letztere Kombination zu gewagt ist, kann auch einen falschen Speckknödel mit Auberginen zum Krautsalat versuchen:

Falscher Speckknödel auf frischem Krautsalat

1 Aubergine von ca. 500 g, Salz, Butter, 2-3 Knoblauchzehen, 1 Bund Petersilie, Semmelknödelteig für 4 Personen, etwa 50 g geriebener Räucherkäse (z.B. Scamorza), getrockneter Majoran, Pfeffer

An Stelle des Specks wird die Aubergine in kleine Würfel geschnitten. Salzen, ziehen lassen und gut ausdrücken.

Die Auberginenwürfel in reichlich Butter braten, bis die sie leicht braun sind, den in dünne Scheiben geschnittenen Knoblauch und die klein gehackte Petersilie hinzufügen und kurz mitbraten.

Inzwischen den Semmelknödelteig vorbereiten (siehe Grundrezept) und den Käse und die Auberginenwürfel einarbeiten. Mit Majoran, Salz und Pfeffer abschmecken.

Die Knödel in siedendem Wasser fertig garen, bis sie sich umdrehen. Wie Speckknödel auf Krautsalat reichen.

GRUNDREZEPT

Semmelknödel

6 alte Semmeln, 1/4 l Milch, Petersilie, 2 Eier, Salz, Pfeffer

Semmeln (oder Knödelbrot) in feine Scheiben schneiden und mit heißer Milch übergießen. Etwa 1/2 Stunde quellen lassen.

Inzwischen die Petersilie fein hacken. Eier verschlagen, salzen und pfeffern und zusammen mit der Petersilie locker in das eingeweichte Knödelbrot einmengen.

Mit nassen Händen Knödel formen und in siedendem Wasser so lange ziehen lassen, bis sie sich umdrehen.

Tipp: Wenn die Knödelmasse zu feucht wird und keine stabilen Knödel zustande kommen, 1 bis 2 EL Semmelbrösel einarbeiten.

Variation „Holledauer Teigknödel": Semmel nicht in Scheiben schneiden, sondern würfeln. Aus Milch, Eiern und 60 g Mehl einen Teig rühren. Teig unter das Knödelbrot mengen und quellen lassen.

SPITZKOHLROLLBRATEN

Füllung (siehe unten), 2-3 große Spitzkohlblätter, Olivenöl, 150 g klein gehacktes gemischtes Gemüse (Gelbe Rüben, Fenchel, Mangold, übriger Spitzkohl, Zwiebel usw.), nach Belieben 1/4 l helles Bier, Salz und Pfeffer, 50 g Frischkäse

Füllung wie unten beschrieben zubereiten.

Von einem Spitzkohl vorsichtig die Blätter ablösen und in kochendem Wasser etwa 2 Minuten blanchieren. Bei den Blättern den harten Keil auf einer Länge von 4 bis 5 cm herausschneiden.

Die Füllung so in die Blätter einrollen, dass entweder ein großer Braten oder mehrere große Rouladen entstehen. Wenn notwendig mit einem Bindfaden fixieren. (Die Rollen halten aber in der Regel auch ohne Bindfaden, wenn man sie mit der offenen Seite nach unten in die Pfanne legt.)

Klein gehacktes Gemüse in einer großen Pfanne in Öl anbraten und mit dem Bier (Brühe oder Wasser geht auch) aufgießen. Salzen und pfeffern.

Rollbraten in die Pfanne setzen und so lange schmoren, bis die Flüssigkeit eingedampft ist. Mit so viel Wasser aufgießen, dass die Rollbraten zur Hälfte bedeckt sind.

Deckel drauf und bei milder Hitze in ca. 30 Minuten fertig dünsten. Rollbraten auf einer vorgewärmten Platte anrichten.

Die Soße nach Belieben fein pürieren und Frischkäse einrühren. Nochmals kurz erwärmen und zusammen mit gekochten Kartoffeln zum Rollbraten servieren.

FÜLLUNG

SPITZKOHL-FÜLLUNG

200 g grob gehacktes Gemüse (Spitzkohl, Mangold oder Spinat, 1 Zwiebel), Olivenöl, 1 Peperoni, 4-5 Salbeiblätter, 1-2 Knoblauchzehen, 100 g Semmelbrösel, 100 g gekochte kleine hohle Nudeln wie Tubetti corti oder klein geschnittene Maccheroni, 1 Ei, 50 g geriebener Parmesan oder 100 g Bergkäse, Salz und Pfeffer

Gemüse in Olivenöl bissfest weich dünsten. Zur Seite stellen.

Peperoni, Salbeiblätter und Knoblauchzehen klein hacken und in Olivenöl anbraten. Die Semmelbrösel dazugeben und in dem aromatisierten Öl bei milder Hitze leicht rösten.

Semmelbrösel mit dem Gemüse, den gekochten Nudeln, dem verschlagenen Ei und dem Käse mischen.

Salzen und pfeffern und zu einem lockeren Teig verkneten.

SPITZBRATEN MEDITERRAN

Spitzkohl-Füllung (siehe Grundrezept), 1 Spitzkohl, 5-6 Tomaten (oder 400 ml gehackte Tomaten aus Dose oder Glas), Olivenöl, 1-2 Knoblauchzehen, Salz und Pfeffer

Füllung wie vorher beschrieben zubereiten.

Einen lockeren Spitzkohl der Länge nach (!) halbieren. Die Füllung in die Zwischenräume der Blattrippen gut einstreichen und eindrücken. Falls der Kohl zu fest ist, zwischen den großen Rippen Vertiefungen ausschneiden.

Tomaten einschneiden, überbrühen, enthäuten und klein hacken. Tomaten mit Öl, zerquetschtem Knoblauch, Salz und Pfeffer würzen.

2 bis 3 EL der Tomatensoße über die gefüllten Oberflächen der Kohlhälften streichen. Restliche Tomatensoße in eine große Bratreine geben und die Spitzkohlhälften mit der Schnittfläche nach oben hineinlegen.

Mit so viel Wasser aufgießen, dass die Kohlhälften mehr als zur Hälfte bedeckt sind. Bei ca. 180 °C mindestens 30 bis 40 Minuten im Rohr backen. Die Flüssigkeit soll dabei immer leicht köcheln und zum Schluss wieder zu einem dicken Sugo eingekocht sein.

Zwischendrin die Füllung mit dem Tomatensugo beschöpfen.

Variation: Man kann für dieses Gericht auch die Füllung für Mangold-Rouladen (siehe einfach buono! *Seite 176) verwenden.*

Ein Reiz des Spitzbratens liegt sicher in der Optik. Denn bei welchem anderen vegetarischem Essen liegt nach der Mahlzeit ein ausgelöstes Gerippe wie ein Haufen Knochen auf dem Teller? Gute Messer sind gefragt, denn viele der dicken Blattrippen können jetzt losgesäbelt und verspeist werden.

BÖHMISCHER SPITZBRATEN

Spitzkohl-Füllung (siehe Grundrezept), 1 Spitzkohl, 1 Zwiebel, Butter und/oder Olivenöl, 1 Knoblauchzehe, 1 gute Prise scharfer Paprika, 1/4 l helles Bier oder Weißbier, eventuell Gemüsebrühe, Salz und Pfeffer, 1/4 l Crème fraîche oder Sauerrahm

Spitzkohl-Füllung wie vorher beschrieben zubereiten.

Einen lockeren Spitzkohl der Länge nach (!) halbieren. Die Füllung gut in die Zwischenräume der Blattrippen einstreichen und eindrücken. Falls der Kohl zu fest ist, zwischen den großen Rippen Vertiefungen ausschneiden.

Zwiebel hacken und in Butter, Öl oder Butter-Öl-Gemisch schön bräunen. Gehackten Knoblauch dazugeben und mit Paprika bestäuben. Mit Bier löschen. Spitzkohlhälften hineinlegen.

Einschmurgeln lassen und mit Wasser (oder Brühe) aufgießen. Mit Salz und Pfeffer abschmecken. 2 bis 3 EL Soße über die gefüllte Oberfläche der Kohlhälften streichen. Bei ca. 180 °C mindestens 30 bis 40 Minuten im Rohr backen. Nach etwa der Hälfte der Backzeit den Sauerrahm darüber gießen.

Tipp: Wer sich die Mühe macht, außer der Zwiebel noch eine Gelbe Rübe, ein Stück Sellerie, Fenchel oder Pastinake klein zu hacken und anzurösten, bekommt natürlich eine bessere Soße.

SPITZKRAUT UND ROSENKOHL

Etwas ganz Besonderes unter den Krautköpfen ist der Spitzkohl. Im Herbst ist er eine der frühesten Sorten, und im Biss knackig, aber angenehm frisch und weich. Spitzkohl ist für Krautsalat ideal und aufgrund seiner großen Blätter bestens geeignet zum Rollen großer Rouladen.

Aber auch zum Schmoren und Braten in ganzen Hälften, die aufgrund der lockeren Anordnung der Blätter mit einer Füllung ausgestrichen werden können, eignet er sich hervorragend. Selbst seine Strünke können so weich werden, dass wir sie klein geschnipselt verdrücken oder abnagen können.

Seinen Verwandten, den Rosenkohl, gibt es noch gar nicht so lange. Aufgetaucht ist er angeblich zum ersten Mal in Brüssel, und zwar vor etwa 200 Jahren. Während viele Nutzpflanzen, die die Gartler im Laufe der Zeit durch Vermehren und Züchten hervorgebracht haben, später wieder verschwunden sind, gelang dem Rosenkohl eine steile Karriere. Ähnlich wie der Broccoli enthält er große Mengen an Vitamin C, jede Menge wichtiger Mineralstoffe wie Phosphor, Kalium, Eisen usw. Ein perfektes Gemüse also, das uns noch dazu bis tief in den Winter hinein zur Verfügung steht. Rosenkohl ist entschieden gehaltvoller als wässrige Tomaten und Treibhaus-Salate und schmeckt, falls ihn ein sanfter Frost erwischt, sogar noch besser. Wenn ihn die Menschen damals nicht entdeckt und weiter vermehrt hätten, man müsste ihn heute erfinden. Aber so gibt es keinen Grund, einen neuen Kohl – womöglich durch Eingriffe ins Erbgut und Genmanipulationen – zu entwickeln. Das ist doch beruhigend. Oder?

Lauwarmer Rosenkohl

Rosenkohl, Olivenöl, Salz, Pfeffer, Zitrone

Rosenkohl in wenig Wasser bissfest garen. Salzen, pfeffern, mit Zitronensaft beträufeln und Olivenöl darüber geben.

Rosenkohlsuppe

300 g Rosenkohl, Salz, 1 Zwiebel, Butter, 1/4 l Sahne, 1/4 l Gemüsebrühe, Pfeffer aus der Mühle, Muskat

Rosenkohl in kochendem, leicht gesalzenem Wasser bissfest kochen. Kochwasser auffangen.

Zwiebel fein hacken und in Butter hell andünsten. 1/3 des Rosenkohls, die Sahne und die Gemüsebrühe dazugeben und alles etwa 10 Minuten köcheln lassen. Anschließend pürieren.

Das Püree salzen, pfeffern und mit Muskat abschmecken. Mit dem Kochwasser auf die gewünschte Konsistenz verdünnen.

Den restlichen Rosenkohl zerpflücken. Die Suppe auf die Teller verteilen und die Blätter als Suppeneinlage einstreuen.

Panierter Rosenkohl

600 g Rosenkohl, Salz,1 Zitrone, je nach Größe 1-2 Eier, ca. 60-80 g Semmelbrösel, 2-3 EL Parmesan, Pfeffer, Butter und Öl

Rosenkohl putzen und in kochendem Salzwasser ca. 15 Minuten kochen.

Zitronenschale abreiben. Eier verquirlen, mit der geriebenen Zitronenschale, den Semmelbröseln und dem geriebenen Käse vermengen und mit Salz und Pfeffer abschmecken.

Den Rosenkohl in der Panade wenden und anschließend in einer Butter-Öl-Mischung goldbraun ausbacken.
Mit Zitronensaft beträufeln.

Als Hauptspeise mit Kartoffeln und Salat oder mit Rührei servieren.

ROSENKRUSTENKOHL

600 g Rosenkohl, Salz, 2 Scheiben altbackenes Brot (nach Belieben Vollkorn-, Bauern- oder grobes Weißbrot), ca. 80 g Butter, Pfeffer, 1 Zitrone, 1/2 Bund Petersilie

Rosenkohl putzen. In Salzwasser ca. 15 Minuten kochen.

Inzwischen das Brot zerbröseln oder klein schneiden. (Eventuell die Brotstücke in einer Gefriertüte mit dem Nudelholz zerdrücken.)

Den heißen Rosenkohl zusammen mit der Hälfte der Butter in eine Auflaufform geben, salzen und pfeffern und gut durchmengen.

Von der Zitrone etwa 1 TL Schale abreiben. Die restliche Butter in einer Pfanne zerlassen. Die Brotbrösel schwach in der Butter anrösten. Die abgeriebene Zitronenschale und die klein gehackte Petersilie dazugeben. Pfeffern und vorsichtig salzen.

Die Brotbrösel über den Rosenkohl streuen (nicht untermengen, sondern locker einschütten). Dann alles ca. 15 bis 20 Minuten bei 180 °C im Rohr backen. Mit Zitronenspalten zum Beträufeln servieren.

Mit Bratkartoffeln, Kartoffelbrei oder Polenta mit Salat reichen. Oder als Beilage zum Rühr- oder Spiegelei oder zu kurz gebratenem Fleisch.

ROSENKOHLAUFLAUF

800 g Rosenkohl, Salz, Butter, 5-6 gekochte Kartoffeln, 300 g Cabanossi oder Lyoner, ca. 150 g Butterkäse, 1/4 l Milch, Pfeffer, Muskat, 4 EL Semmelbrösel

Rosenkohl in wenig kochendem, leicht gesalzenem Wasser bissfest weich kochen. Eine Auflaufform ausbuttern. Rosenkohl abschütten und Kochwasser auffangen.

Kartoffeln würfeln, Wurst in mundgerechte Stücke schneiden und beides in der Auflaufform mit dem Rosenkohl mischen. Vorsichtig salzen, da die Cabanossi (sofern sie verwendet wird) sehr salzig sein kann.

Den geriebenen Käse darüber streuen. Dann die warme Milch mit 1 Tasse Kochwasser vermischen und darüber gießen. Salzen, pfeffern, mit Muskat abschmecken und über den Auflauf schütten.

Das Ganze im Backrohr bei etwa 200 °C etwa 15 Minuten backen. Jetzt mit den Semmelbröseln bestreuen und Butterflöckchen aufsetzen. Dann nochmals für etwa 10 Minuten in den Ofen.

Variante: Wer keine Wurst mag, kann sie weglassen oder durch gebratene Tofuwürfel oder Champignons ersetzen.

Sauerkraut

für einen 10-Liter-Gärtopf braucht man: 80-120 g Salz, 3 EL Wacholderbeeren, 1 1/2 EL Kümmel, 8 kg geputzter Weißkohl

Salz abwiegen und Gewürze bereitstellen. Kraut putzen und den Strunk herausschneiden – aber nicht wegwerfen; er enthält vergärbaren Zucker und feine Aromastoffe.

Kraut hobeln, die Strünke grob reiben und unter das Kraut mischen.

Das Gefäß einige Dezimeter hoch mit Kraut füllen und tüchtig stampfen, bis der Zellsaft austritt. Das geht mit der Faust oder – wenn der Topf groß genug ist – auch mit den gewaschenen Füßen.

Auf die erste Schicht einen Teil der Gewürze und des Salzes streuen. Das Salz muss gleichmäßig im Kraut verteilt sein. Mit dem Einstampfen Schicht für Schicht fortfahren, bis der Topf etwa zu 4/5 gefüllt ist.

Die letzte Schicht mit einigen großen, gewaschenen Krautblättern abdecken. Achtung! Das Gefäß nicht zu voll machen! Das Kraut gärt. Außerdem muss noch Platz für die Beschwerungssteine bleiben. Die ausgetretene Flüssigkeit sollte das Kraut bedecken. Die Beschwerungssteine und den Deckel aufsetzen und die Rille im Topfrand mit Wasser füllen. In der Wasserrille muss die ganze Zeit über Wasser sein. Also bei Bedarf nachfüllen.

Den Topf 2 bis 3 Tage an einem warmen Ort (etwa 20 bis 22 °C) aufbewahren. Wenn die Gärung in Gang gekommen ist (man hört das Blubbern), den Topf 2 bis 3 Wochen an einen kühleren Ort stellen. Damit die Säuerung langsam vor sich gehen kann, soll hier die Temperatur bei etwa 15 °C liegen. Erst nach dieser Zeit den Topf öffnen.

Eventuell muss man die Beschwerungssteine abspülen und – falls das Kraut trocken ist – abgekochtes Salzwasser darüber gießen. Danach den Topf kalt stellen.

Nach 4 bis 6 Wochen ist das Kraut gebrauchsfertig, aber bei einer längerer Lagerung wird es noch besser.

Sauerkrautrohkost

300 g Sauerkraut, 1 Apfel, 1 Zwiebel, 1 Paprika, Apfelessig, eventuell Salz, Pfeffer, Petersilie, Sonnenblumenöl, Sauerrahm

Sauerkraut zerzupfen, Apfel in kleine Stücke, Zwiebel und Paprika in feine Streifen schneiden.

Alles vermischen und mit Apfelessig abschmecken. Eventuell salzen. Pfeffer darüber mahlen und fein gehackte Petersilie darüber streuen. Noch ein wenig Öl oder einen Löffel Sauerrahm darüber geben.

SAUERKRAUT

Und jetzt sind wir wieder soweit. Das erste Sauerkraut ist fertig. Ungeheure Mengen an vergärtem Weißkraut (etwa 80 % der Weißkraut-ernte) lagert jetzt in riesigen Becken in den Sauerkraut-fabriken und in den Kellern jener wenigen, die sich noch die Mühe machen, eigenes Kraut einzuschneiden. Seit Urzeiten ist das Rezept der alten Chinesen im Grunde das gleiche geblieben. Mit Hilfe von Milchsäurebakterien verwandeln wir den im Weißkraut reichlich vorhandenen Zucker in Milchsäure. Und seit Urzeiten ist das Kraut eine der wichtigsten Grundlagen der Bevölkerungsentwicklung.

Nur die Krautkonserve war in der Lage, die Menschen in den immer größer werdenden Städten und den eingeschneiten Dörfern über lange Winter hinweg mit Vitaminen zu versorgen. So machte das Sauerkraut Geschichte. Fast täglich kam es auf den Tisch, und das jährliche Krauteinschneiden war deshalb ein elementares Ereignis. Das Krautstampfen mit nackten Füßen an den oft schon kalten, nebligen Herbsttagen war ein Fest für Kinder und Erwachsene. Ein Fest einfach so, ohne Hot Dogs, Partyhäppchen und Hüpfburg. Vielleicht möchte ja der eine oder andere wieder anknüpfen an diese ursprünglichen, einfachen Freuden.

Und jetzt der Klassiker aus der Holledau:

Knödel und Kraut

Butter oder Öl, 1 Zwiebel, Kümmel, 1 kg Sauerkraut, 3–4 Wacholderbeeren, 4 Lorbeerblätter, Wasser oder Gemüsebrühe, eventuell Salz

Butter oder Öl im Topf erhitzen und darin die klein gehackte Zwiebel mit dem Kümmel vorsichtig braten, bis die Zwiebel glasig ist.

Sauerkraut, Wacholderbeeren und Lorbeerblätter dazugeben und mit Wasser oder Gemüsebrühe so weit aufgießen, dass das Kraut zu etwa 2/3 bedeckt ist.

So lange köcheln lassen, bis das Kraut weich, aber noch knackig ist. Zwischendrin umrühren. Wenn notwendig, salzen. Mit Holledauer Teigknödel (siehe Seite 160) servieren.

Sauerkrautsemmeln

25 g frische Hefe oder 10 g Trockenhefe, 250 ml lauwarmes Wasser, 500 g Mehl, 2 TL Salz, Sauerkraut, eventuell 100 g gewürfelter Speck, 2 EL Olivenöl

Hefe mit Wasser verrühren und quellen lassen. Mehl mit Hefe, Salz und Öl vermengen.

Den so entstandenen Teig gut gehen lassen, bis er sich verdoppelt hat (mindestens 1/2 Stunde). Wenn nötig, Vorgang wiederholen.

Sauerkraut abtropfen lassen und zusammen mit dem gewürfelten Speck (kann auch weggelassen werden) in den Teig einkneten. Den Teig nochmals gehen lassen.

Kleine Semmeln formen und auf einem eingefetteten Backblech in den kalten backofen schieben und etwa 1/2 Stunde bei 180° C backen.

Die Semmeln passen gut zum kalten Buffet.

Sauerkrautlaiberl à la Wiener Neustadt

1/4 kg rohes Sauerkraut, 1 kleine Zwiebel, Butter oder Butterschmalz, Kümmel, 2 Semmeln, 2 kleine Eier, 1–2 EL Mehl, etwas Milch, Salz, Pfeffer

Sauerkraut in einem Sieb gut abtropfen lassen und ausdrücken. Saft auffangen und trinken.

Zwiebel klein hacken und in Butter bräunen, nach Belieben Kümmel dazu.

Semmeln würfeln. Eier verschlagen und mit dem Mehl und wenig Milch zu einem Teig verquirlen.

Die Semmelwürfel mit dem rohen Kraut und der Zwiebel-Kümmel-Mischung vermengen und den Teig locker einarbeiten. Salzen und pfeffern.

Laibchen formen und in Butter (Butterschmalz) beidseitig in der Pfanne ausbacken.

Entweder mit Meerrettichsoße servieren oder mit frisch geriebenem Meerrettich bestreuen. Am besten noch Salat dazu.

Ah! Und eben geht mit einem Teller
Witwe Bolte in den Keller!
Damit sie von dem Sauerkohle
eine Portion sich hole.
Das Fleisch perdu, gab's nur noch Sauerkohl.
Auch nicht schlecht, denn wofür sie besonders schwärmt,
Wenn er wieder aufgewärmt.

(frei nach Wilhelm Busch)

Und tatsächlich eignet sich das vom Vortag übrig gebliebene Sauerkraut in idealer Weise zur Wiederaufbereitung in nahezu unendlichen Variationen. Zum Beispiel:

Sauerkrautsuppe

1 Zwiebel, Öl, etwa 1/2 TL scharfes Paprikapluver, 1–2 EL Tomatenmark, Rest Sauerkraut, Wasser oder Gemüsebrühe, nach Belieben scharfe Wurst (Debreciner o.ä.) oder gewürzter und geräucherter Tofu, Salz, Pfeffer

Zwiebel in Öl anbraten, nach Geschmack Paprikapulver einrühren und Tomatenmark dazugeben.

Mit Sauerkraut und so viel Wasser (oder Gemüsebrühe) auffüllen, dass eine schöne Suppe entsteht.

Würste klein schneiden und mitköcheln lassen, bis sie heiß sind; falls Tofu verwendet wird: in Öl anbraten und am Schluss über die Suppe geben. Mit Salz und Pfeffer abschmecken.

Krautspatzen

Zwiebel, Butter, Sauerkraut (Rest), Roggen- oder andere Spätzle, Salz

Zwiebel in Ringe schneiden und in Butter anbräunen. Kraut und fertige Spätzle (Rezept Roggenspätzle siehe Seite 24) dazugeben und alles unter mehrmaligem Durchschaufeln gut erhitzen.

GLÜCKLICHE VERHÄLTNISSE: BRAT-KARTOFFELN UND ANDERE

Irmgard muss auf den Punkt gekocht werden, sonst platzt sie. Linda nimmt es nicht so genau. Auch Agria, Agatha und Desirée können den finalen Punkt überschreiten und bewahren trotzdem Ansehen und Form.

Wir reden von Kartoffeln und von ihrer Erschließung. Kartoffeln sind einfache Nahrungsmittel und deshalb genial. Jeder kennt sie, jeder kann sie kochen, schälen und aufessen. Selbst wenn wir täglich nichts anderes als Kartoffeln essen würden, litten wir keinen Mangel. Wer in Notzeiten überwiegend Mais verzehrt, leidet bald unter der so genannten Kaninchenauszehrung, wer ausschließlich Reis isst, wird aufgrund des fehlenden Provitamins A früher oder später erblinden. Glücklich, wer Kartoffeln hat!

Denn die Kartoffel ist in jeder Hinsicht ein hochkarätiges Lebensmittel: hoher Mineralstoffgehalt, vor allem Kalium und Kalzium, Eisen und Magnesium, nicht allzu viel Eiweiß, dafür aber von besonders hoher Qualität, viel Vitamin C und reichlich B-Vitamine.

Und was man daraus alles machen kann: Pellkartoffeln, Bratkartoffeln, Kartoffelknödel, Fingernudeln, Gnocchi, Kartoffelpüree und und und.

So abwechslungsreich, so einfach und glücklich könnte das Leben sein, wenn wir uns nicht immer einbilden würden, alles noch besser machen zu können. Deshalb entstehen aus wertvollen Kartoffeln mit Hilfe hoch komplizierter industrieller Technologien Pommes frittes, Püreepulver und Kartoffelchips. Mit dem Ergebnis des Verlusts fast sämtlicher Mineralien und Vitamine.

Um einer solchen Katastrophe an dieser Stelle gleich einmal vorzubeugen, schlagen wir vor, Kartoffelknödel, Gnocchi usw. grundsätzlich aus Pellkartoffeln und nicht aus geschält gekochten Kartoffeln herzustellen. Viele wertvolle Vitamine der Kartoffel sind wasserlöslich und verschwinden, ohne den Schutz der Schale gekocht, im Gully. Das gilt natürlich auch für Zubereitungen aus rohen Kartoffeln, die gerieben und ausgepresst und möglicherweise noch gewässert werden. Wenn wir hier trotzdem den Reiberknödel und Dotsch vorstellen, dann machen wir das aus Liebe zur Küche unserer Heimat, in der Hoffnung, dass diese beim Leser nicht sämtliche gesundheitlichen Rücksichtnahmen hinwegspült.

POMMES FRITTES

1 kg mehlige Kartoffeln, Oliven- oder Bratöl, Salz, Essig

Kartoffeln schälen und in Schnitze oder Stäbe schneiden. Backblech mit Öl ausstreichen und die Kartoffeln darauf verteilen.

Im Backrohr ca. 20 Minuten bei etwa 200 °C backen. Zwischendrin durchschaufeln. Salzen und mit ein paar Spritzern Essig beträufeln.

HOSENKNÖPFE MIT BUNTEM GEMÜSE

1 kg gemischtes Gemüse nach Belieben (z.B. Gelbe Rüben, Bohnen, Zucchini, Paprika, Broccoli, Blumenkohlröschen, Stangensellerie, Knoblauch), Wasser, fertige Hosenknöpfe aus 1 kg Kartoffeln (siehe Grundrezept), Salz und Pfeffer, Butter, 1–2 TL Senf, Petersilie, geriebener Käse wie Pecorino, alter Gouda oder Parmesan

Das in Scheiben und kleine Stücke geschnittene Gemüse entsprechend der jeweiligen Garzeit der Reihe nach bissfest weich dünsten. Wenig Wasser verwenden.

Das abgetropfte Gemüse mit den fertigen Hosenknöpfen durchschaufeln, salzen, pfeffern und warm stellen.

Das Kochwasser eventuell noch etwas einkochen (es soll eine Soße und keine Suppe entstehen!) und entweder mit einem Stich Butter oder mit einem guten Schuss Olivenöl, Salz, Pfeffer und dem eingerührten Senf abschmecken.

Den Sud zusammen mit der fein gehackten Petersilie unter das Hosenknopf-Gemüse mischen. Den geriebenen Käse dazu reichen.

GRUNDREZEPT

HOSENKNÖPFE

1 kg mehlig kochende Kartoffeln, Salz, 1 Eigelb, ca. 300 g Mehl, Butter, Olivenöl Pfeffer

Kartoffeln kochen, abschälen und noch heiß durch die Kartoffelpresse drücken. Mit einer guten Prise Salz, dem Eigelb und so viel Mehl vermengen, dass ein formbarer Teig entsteht.

Den Teig zu etwa 2 cm dicken Würsten ausrollen und knopfgroße Scheiben abschneiden. Diese „Hosenknöpfe" rasch in einer Butter-Öl-Mischung von beiden Seiten anbraten. Salzen und pfeffern. Warm stellen.

Kartoffelgulasch

800 g fest kochende Kartoffeln, 2 grüne und 1 rote Paprika, 2 Zwiebeln, Olivenöl, 1/2 TL Kümmel, Lorbeerblätter, je nach Geschmack 1 TL scharfes oder mildes Paprikapulver, Tomatenmark, 1/2 l Gemüsebrühe, Salz und Pfeffer, Crème fraîche

Kartoffeln schälen und würfeln. Paprikaschoten in Stücke schneiden.

Klein gehackte Zwiebeln in Öl anbraten. Kümmel, Lorbeer und Paprikapulver dazu. Tomatenmark einrühren.

Paprika und Kartoffeln dazugeben und mit der Gemüsebrühe aufgießen. Salzen und pfeffern und so lange leise köcheln lassen, bis die Kartoffeln weich sind.

Auf jeden Teller Gulasch 1 Klacks Crème fraîche geben.

Saures Kartoffelgemüse mit Lyoner

etwa 1 kg Kartoffeln (vorwiegend fest kochend), 1 Zwiebel, 3–4 Stiele Stangensellerie, Butterschmalz, 1 EL Mehl, 1/4 l Gemüsebrühe, 1–2 EL Kapern, geriebene Zitronenschale nach Belieben, Weinessig, 4–5 Lorbeerblätter, Salz, Pfeffer, Majoran, eventuell Crème fraîche, gehackte Petersilie, Lyoner (oder andere Wurst)

Gekochte Kartoffeln schälen und in Scheiben schneiden. Zwiebel hacken und Sellerie in fingerdicke Streifen schneiden.

Die Zwiebel in Butterschmalz glasig dünsten, den Sellerie leicht anbraten und das Mehl darüber stäuben. Gut rühren, bis das Mehl hellbraun wird.

Mit heißer Brühe aufgießen und unter Rühren einige Minuten kochen.

Die Kapern, die Zitronenschale, einen guten Schuss Essig, die Lorbeerblätter und die Kartoffeln dazugeben.

Salzen und pfeffern, mit Majoran und Essig abschmecken und sämig einkochen. Eventuell mit 2 bis 3 EL Crème fraîche verfeinern. Gehackte Petersilie darüber streuen.

Mit heißer Lyoner servieren. Winterpostelein oder Feldsalat passen gut dazu.

Kartoffelfrico

600 g gekochte Kartoffeln, 200 g Butterkäse, Olivenöl oder Butter, Salz und Pfeffer, Petersilie

Kartoffeln in dünne Scheiben schneiden und nach Belieben in Butter oder Olivenöl leicht rösten.

Käse grob raffeln, unter die Kartoffeln mengen und schmelzen lassen. Salzen, pfeffern und mit gehackter Petersilie bestreuen.

Kartoffeln so zusammenschieben, dass alles wie zu einem Omelett zusammenbäckt. Den Frico auf beiden Seiten goldbraun backen. Endivien- oder Feldsalat passt gut dazu.

FELDSALAT UND WINTERPOSTELEIN

Zwei Partner zum Verwechseln, die sich perfekt ergänzen. Einer besser als der andere. Beide sehr eigenständig und kräftig im Geschmack. Aber jeder anders. Feldsalat und Winterpostelein rangieren beide ganz oben auf der Beliebtheitsskala. Feldsalat ist eindeutig der Spitzenreiter, Winterpostelein liegt nicht ganz so weit vorne, da ihn viele immer noch nicht kennen.

Beide sind wichtige Eisenlieferanten. Trotzdem gibt es hinsichtlich ihrer Inhaltsstoffe beträchtliche Unterschiede. Während der Feldsalat unter allen Salaten die höchsten Vitamin-C- und Provitamin-A-Werte aufweist, brilliert der Winterpostelein mit Kalzium und Magnesium. Ideal also zum Abwechseln.

Aber Vorsicht! Beide haben nämlich eines gemeinsam: Sie mögen keine Anmache. Vor allem keine ewig lange, bevor es soweit ist. Und kein Rumgetue mit viel Drücken und Manschen. Und bloß nicht zu viel Öl! Beim Winterpostelein geht das so weit, dass man ihn manchmal völlig ohne zu sich nimmt. Zum Beispiel eine Handvoll über einen Teller Bratkartoffeln oder über ein Nudelgericht gestreut. Sehr dekorativ, und was noch viel wichtiger ist, äußerst schmackhaft! Natürlich kann man ihn auch über einen fertig angemachten Salat streuen.

Eine ähnlich schonende Behandlung wünscht sich auch der Feldsalat. Immer nur darüber gestreut oder als Handvoll auf einen Spiegel milder Marinade. Am besten nur Öl, Salz und Zitronensaft, und ja keine fertig gekauften Dressings und Mayonnaisen. Die können seinen feinen, nussigen Geschmack restlos ruinieren. Falls man ihn mit anderen Gemüse mischt, mit Sellerie- oder Rübenschnitzeln zum Beispiel, erst kurz vor dem Servieren fertig anmachen und locker durchmischen. Vor allem Gewächshausware neigt dazu, lange Wartezeiten mit Sich-Vollsaugen und Zusammenfallen zu überbrücken. Am besten ist auf jeden Fall der Feldsalat vom Acker. Er ist besser und kräftiger im Geschmack, hat weniger Nitrat und entschieden mehr Vitamine und Mineralstoffe. Dafür hat man mehr Arbeit mit putzen und zupfen und waschen, und oft macht er auch optisch nicht so viel her. Nur für Kenner!

DOTSCH

500 g gekochte Kartoffeln, 1 kg rohe Kartoffeln, 200 ml Sauerrahm, Salz, Pfeffer, Butter

Rohe Kartoffeln reiben und ausdrücken. Gekochte Kartoffeln durch die Presse drücken.

Kartoffelwasser auffangen, kurz stehen lassen, bis sich am Topfboden die Stärke absetzt. Wasser wegschütten und die Stärke unter die geriebenen Kartoffeln mengen.

Gekochte mit den rohen Kartoffeln und dem Sauerrahm gut vermischen. Salzen und pfeffern.

Eine Bratreine ausbuttern, den Dotsch einfüllen und glatt streichen. Butterflocken drüber und im Ofen braten, bis der Dotsch schön braun ist.

Mit Salat oder gedünstetem Gemüse, wie Gelben Rüben oder Wirsing, reichen. Auch zum Blaukraut oder sogar zum Schweinebraten kann man ihn essen.

KATZENKÖPFE

500 g mehlige Kartoffeln, 150 g fein geschroteter Weizen, 1 Ei, 200 g geräucherte Knoblauchwurst oder Cabanossi, 1 Zwiebel, Butter, Salz und Pfeffer, Majoran, Öl

Kartoffeln kochen, schälen und heiß durchpressen. Mit Weizenschrot und Ei zu einem Teig vermengen.

Die Knoblauchwurst (Cabanossi) klein würfeln. Zwiebel hacken und in Butter glasig braten. Die Wurst dazugeben und kurz durchbraten.

Alles in den Kartoffelteig einarbeiten. Mit Salz, Pfeffer und Majoran abschmecken.

Aus dem Teig kleine „Köpfe“ formen und in Öl oder Butter in der Pfanne ausbacken.

Passt zu Gemüse und/oder Salat.

BRAUNFUCHSEN

500 g gekochte Kartoffeln, 1 kg rohe Kartoffeln, Salz, Pfeffer, Butter

Gekochte Kartoffeln durch die Presse drücken. Rohe Kartoffeln reiben und ausdrücken.

Kartoffelwasser auffangen, kurz stehen lassen, bis sich am Topfboden die Stärke absetzt. Wasser wegschütten und die Stärke unter die geriebenen Kartoffeln mengen.

Rohe und gekochte Kartoffeln vermischen, salzen und pfeffern. Daraus Knödel formen und in der Pfanne bei milder Hitze in Butter anbraten.

Mit dem Kochlöffel flach drücken und wenden. Beidseitig schön braun braten. Passt zum Sauerkraut.

Wir bewegen uns jetzt auf gefährlichem Terrain. Erfindung und Besitz des einzig richtigen Originalrezepts von Kartoffelknödeln oder -klößen wird von verschiedenen bayerischen Volksgruppen, aber auch von den Thüringern und selbst von den Rheinländern beansprucht. Vor allem die Oberfranken verteidigen hartnäckigst ihren Ruf, als einzige in der Lage zu sein, richtige „Glees" zu kochen. Selbst auf die Gefahr hin, in die Schusslinie konkurrierender Heimatpfleger zu geraten und von oberfränkischen Freunden der Inkompetenz bezichtigt zu werden, hier ein Originalrezept von der Urgroßmutter aus dem Bayrischen Wald:

GRUNDREZEPT

Reiberknödel (Kartoffelknödel)

1 kg rohe Kartoffeln, 400 g gekochte Kartoffeln, Salz

Rohe Kartoffeln schälen und fein reiben. Schnell arbeiten oder die Kartoffeln in lauwarmes Essigwasser reiben, damit sie nicht braun werden.

Die geriebenen Kartoffeln in einem Tuch auspressen und das Kartoffelwasser auffangen.

Die gekochten Kartoffeln noch heiß schälen und durchpressen. Beide Kartoffelmassen vermengen.

Kartoffelwasser abschütten, die abgesetzte Kartoffelstärke zu der Knödelmasse geben und den Teig mit Salz abschmecken.

Knödel formen und in siedendem Wasser in ca. 20 Minuten gar ziehen lassen.

Traditionell zu Schweine-, Geflügel- oder Rinderbraten. Oder zur Schwammerlsuppe.

Glees (Klösse) mit Vitaminen

Kartoffelknödel (siehe oben), Gemüsebrühe (siehe nächste Seite), 1 Kohlrabi, 4 Gelbe Rüben, 1 kleines Stück Sellerie, 1 Stange Lauch, 1 Petersilienwurzel, Butter, 100 g frische Erbsen oder Ackerbohnen (im Winter 50 g getrocknete Bohnen oder Erbsen, über Nacht eingeweicht und anschließend weich gekocht), Salz und Pfeffer, Muskat, Zitronensaft, Petersilie, Kerbel (wenn vorhanden)

Kartoffelknödel herstellen wie eben beschrieben. Gemüsebrühe wie im Grundrezept (siehe S. 178) zubereiten.

Gemüse putzen und in mundgerechte Stücke schneiden. Butter im Topf erhitzen und das Gemüse kurz unter Rühren anschmoren.

Die Hülsenfrüchte und die Brühe dazugeben und alles so lange köcheln lassen, bis das Gemüse weich, aber noch knackig ist. Vorsicht bei der Flüssigkeitszugabe: keine Suppe, sondern ein Ragout kochen!

Mit Salz, Pfeffer, Muskat und ein paar Spritzern Zitronensaft abschmecken.

Petersilie und Kerbel fein hacken und in das Gemüse rühren. In tiefen Tellern mit den Kartoffelknödeln servieren.

GRUNDREZEPT

GEMÜSEBRÜHE

1 Gelbe Rübe, 1 kleine Pastinake, 1 kleines Stück Sellerie, 1 Zwiebel, anderes Gemüse nach Belieben, Olivenöl, Salz, Pfeffer

Das Gemüse für die Brühe klein hacken und in Olivenöl anbraten. Gut rühren und, nachdem es Farbe angenommen hat, mit 1/2 Liter Wasser aufgießen.

Salzen und pfeffern. Gute 10 Minuten köcheln lassen, dann abseihen.

KARTOFFELSCHMARRN

500 g gekochte, kalte Kartoffeln, 150 g Weizenmehl (oder Semmelbrösel), Salz, Butter

Kartoffeln fein reiben oder durchpressen. Mehl und Salz dazugeben und alles mit sauberen Händen vermengen und zu Krümeln zerbröseln.

Butter in der Pfanne zerlaufen lassen und die Krümel bei milder Hitze goldbraun ausbacken.

Aufpassen, dass nichts anbrennt, eventuell zwischendrin nochmals Butter über den Krümeln schmelzen lassen. Die Krümel mit dem Wender immer wieder zerstoßen.

Isst man traditionell zu Sauerkraut oder Apfelmus.

Tipp: Kartoffelschmarrn zum Schluss mit reichlich frisch gehackten Kräutern wie Petersilie und Schnittlauch mischen und zu gedünstetem Gemüse wie Gelben Rüben, Wirsing oder Champignons servieren.

Geliebte Erna,

draußen wird es dunkel. Leichter Schnee fällt, und die Dächer der Häuser, die Gärten und die zum Silvester-Event eilenden Menschen sind wie überzuckert. Schon leuchten die Straßenlaternen, und das Jahr geht zu Ende.

Wir schreiben den letzten Tag des Jahres 2042, und ich bin 40 Jahre älter. Diesen Vormittag half ich meinem heute noch nicht geborenen Urenkel (stelle mir vor: 17 Jahre, weiblich, Name: Lina) beim Vorbereiten einer Feier zum Jahresabschluss. Ich bin ja immer noch ganz rüstig, kann beim Kochen noch gut zur Hand gehen und beim Tisch decken helfen, die Teller hin- und her zu rücken. Wir hatten noch viel Zeit, bis die Gäste kamen.

Ich bin jetzt über neunzig, und zwischen jetzt und heute ist einiges passiert. Vieles ist ganz anders gekommen, als ich befürchtete. Während wir die Kartoffeln schälten, kramte ich in meinen Erinnerungen, denn im Gegensatz zu früher interessieren sich die Kinder wieder für die Geschichten der Alten und nicht mehr nur für Computerspiele und Internet.

Liebe Erna, die Geschichten, die ich meinem Enkelkind erzählte, handelten von Kartoffeln und Menschen. Du erinnerst Dich sicher noch, wie Anfang der achtziger Jahre des letzten Jahrhunderts mit den Kartoffeln eine gewaltige gesellschaftliche Umwälzung ins Rollen kam, nämlich die Ökologiebewegung. Tatsächlich begannen viele Initiatoren der Naturkost und des Ökolandbaus und viele andere Umweltaktivisten als Kartoffelhändler. Oder anders gesagt: Den Kartoffeln ist letztlich der Erfolg der Bewegung zu verdanken.

„Warum ausgerechnet den Kartoffeln und nicht den Intellektuellen, den Schriftstellern und Politikern?“ wollte Lina wissen.

Während wir weiter einen riesigen Berg Kartoffeln schälten, versuchte ich zu erklären, wie die Kartoffeln die Menschen zur Vernunft brachten. Aber, liebe Erna, es war nicht ganz einfach. Denn junge Menschen, die sich heute selbstverständlich bio und vollwertig ernähren und die nicht im Traum daran dächten, irgendein Designerfood von damals zu essen, können vieles nicht nachvollziehen.

Der Grund, warum die Kartoffel eine so wichtige Rolle spielte, war das verblüffende Geschmackserlebnis, das viele hatten, als es wieder Kartoffeln gab, die ohne Kunstdünger angebaut wurden.

Nachdem es jahrelang gang und gäbe war, alles zu essen, wenn es nur viel und billig war, erinnerte sich mancher Gaumen wieder daran, wie früher vieles anders und besser geschmeckt hatte. Und tatsächlich: Die Kartoffel ist unbestechlich und schmeckt entweder gut oder schlecht. Schlecht, nämlich nach Wasser oder nach gar nichts, schmeckte sie, seit der Kunstdünger den Ackerbau eroberte. Die wasserlöslichen Mineralsalze des Handelsdüngers ernähren die Pflanzen rasch und nahezu unabhängig vom Bodenzustand. Die Folge ist eine erhöhte Wasseraufnahme und das Absinken der Trockensubstanzanteile, wie Mineralstoffe, Vitamine und Aromastoffe, die ja den Geschmack ausmachen.

Nachdem wir die Kartoffeln geschält hatten, begann Lina am Herd zu werkeln. Sie setzte die Kartoffeln auf. Ob sie mir überhaupt noch zuhörte, wusste ich nicht so recht.

Um auf mich aufmerksam zu machen, kokettierte ich ein wenig mit meinen verflossenen Liebschaften. Ich schwärmte ihr von dieser und jener alten Bekanntschaft vor und schließlich von Dir, liebe Erna.

„Eine meiner früheren Geliebten war die Erna", erzähle ich. „Blond war sie, formschön und fest kochend. Sie kam aus Gaden im Erdinger Landkreis, und angebaut hat sie einer der ersten Biobauern Oberbayerns. Heute, gut sechzig Jahre später, schwärmen die Menschen noch immer von ihr. Wir bildeten damals Verbraucherringe und handelten die Kartoffeln der Biobauern an Freunde und Bekannte weiter. Lange Zeit waren diese Kartoffeln unser bestes Argument, und für viele waren sie ein Schlüsselerlebnis. Schmackhafte Überzeugungsarbeit haben sie geleistet und mehr ökologisches Bewusstsein bei den Menschen geschaffen als die Politik."

„Ach du mit deinem Gefasel!", sagte meine Urenkelin. „Du tust so, als hätten deine geliebten Kartoffeln die Agrarwende gemacht. Die wäre auch ohne deine Erna gekommen! Schließlich kam es mit der Jahrtausendwende unter der damaligen rot-grünen Regierung zu einer neuen Politik. Erst 20 % Bio, und dann immer mehr war die politische Vorgabe der früheren Ministerin Künast. Es war eine fortschrittliche Politik, die vieles verändert hat! So habe ich es im Geschichtsunterricht gelernt!"

Der Geschichtsunterricht ist auch immer noch der alte, dachte ich mir. Immer sind es die Politiker, die das Schicksal der Welt bestimmen, und nie sind es die Kartoffeln. Oder die Rüben, Salate und Krautköpfe. Ach, liebe Erna.

Natürlich war es wichtig, dass eine mutige grüne Politik kam und vor mehr als 40 Jahren die Argarwende offiziell zum Programm erklärte. Aber es war letztlich doch die Kartoffel, die den Stein ins Rollen brachte.

„Die Kartoffel tut nichts! Es sind die Menschen, die lebendigen Menschen, die etwas verändern. Und Deine Erna tut auch nichts", warf Lina dazwischen.

„Natürlich sind es die Menschen, die etwas ändern! Und zwar die Menschen an den Kochtöpfen! Auf den Geschmack gekommen, begannen sie nach und nach ihre Mahlzeiten umzustellen. Heute essen sie alle weniger Fleisch, dafür mehr Gemüse und selbstverständlich alles bio."

„Als hätten der Fortschritt und die Agrarwende in der Küche begonnen!" bemerkte sie schnippisch und zog die Augenbrauen hoch.

„Glaubst Du denn, dass der Fortschritt jemals von oben kommt?" fragte ich sie. „Aus der Politik, den Chefetagen oder gar den Forschungslabors? Nein, meine Liebe, den Fortschritt machen nur wir Menschen selbst." (Und natürlich Du, liebe Erna.)

„Wie, bitteschön, habt ihr das denn gemacht?"

„Es war doch ganz einfach. Das Essen, das uns von vielen großen Unternehmen der Lebensmittelbranche zugemutet wurde, kauften wir nicht mehr. Warum auch? Wer Lebensmittel bestrahlt, gentechnisch verändert, eine quälerische Massentierhaltung und weiter Umweltvergiftung betreibt, muss auch damit rechnen, dass vernünftige Menschen nichts mehr kaufen. Es nutzte auch nichts, dass sie ihre Produkte immer noch billiger machten und Milliardenbeträge in Werbung investierten. Die Menschen interessierten sich nicht mehr dafür! Sie kauften nur noch bei Biobauern und in ihren Bioläden ein. Sie gründeten Genossenschaften zur Erzeugeung guter Nahrung und beteiligten sich an Firmen, die ökologisch und fair geführt wurden. So entwickelte sich trotz der Globalisierung aus den Regionen heraus ein Netz neuer, ökologischer Wirtschaftsweisen. Die Landwirtschaft konnte umgestellt werden. Nicht nur hier, sondern weltweit, und viele Probleme des Welthandels und des Hungers konnten plötzlich angepackt werden. Eine neue Kultur entstand…"

„Was für eine neue Kultur denn, wenn ich fragen darf?"

„Nun, die Menschen haben wieder zu essen gelernt. Und je besser unser Essen wurde, umso besser ging es auch der Umwelt. Und dann haben wir noch besser gegessen. Und immer mehr umgestellt in der Ernährung. Uns wurde immer klarer, dass wir mit dem täglichen Kochen und Essen nicht nur über den Zustand der Umwelt entscheiden, sondern auch über Gemeinschaft, Frieden und Freundschaft. So erleben wir Nähe, Zugehörigkeit, Sicherheit und Heimat. Menschen, die jahrelang nur aus Convenience-Packungen lebten oder in der Schlange vor der Fastfood-Kette standen, aßen oft nur, um nicht zu verhungern. Aber alles andere, was mit dem Essen zu tun hat, hatte keine Bedeutung mehr für sie. Es war ihnen gleichgültig. Und als man ihnen erzählte, dass früher in manchen afrikanischen Ländern die Menschen so großen Respekt vor der Nahrung hatten, dass selbst die Polizei mit der Verhaftung wartete, bis der Verbrecher aufgegessen hatte, dann verstanden sie es nicht."

„So ein Quatsch", sagte meine Urenkelin, „heute würde kein Mensch ein gutes Essen stehen lassen, nur weil er verhaftet wird."

„Tja, Lina, so hat sich doch vieles verändert. Im Denken, im Umgang miteinander, und in der Kultur der Menschen."

„Ach, du mit deinen Theorien", sagte Lina, „und alles nur wegen deiner Kartoffel."

„Natürlich", sagte ich, „und ganz besonders wegen der Erna."

Meine Urenkelin schüttete das heiße Kartoffelwasser ab, reichte mir den Stampfer, und ich begann mit Zufriedenheit und Liebe Euch allesamt zu zerdrücken.

Adieu, Erna!
Ich muss aufhören zu schreiben. Das Jahr ist zu Ende, und jetzt wird gegessen!

A tavola!

fairspeisen ist Geschmackssache!

a tavola!

ein silvestermenü

KARTOFFELSUPPE ERNA MIT GEBRATENEN SCHALOTTEN

ca. 300 g Kartoffeln (vorwiegend fest kochend), 1 Stange Lauch, 2 Gelbe Rüben, ca. 100 g Sellerie, Butter, 3/4 l Gemüsebrühe, Salz, Pfeffer, Majoran, 10–12 Schalotten oder 4 kleinere Zwiebeln, Olivenöl, Petersilie

Kartoffeln und Lauch in feine Ringe schneiden und das restliche Gemüse klein würfeln.

Alles Gemüse unter Rühren in Butter anbraten. Mit der Brühe aufgießen. Salzen, pfeffern und mit reichlich Majoran abschmecken.

Etwa 30 Minuten köcheln lassen. Mit dem Kartoffelstampfer das Gemüse ein wenig zerstampfen oder mit dem Pürierstab ganz kurz mixen. Die Suppe soll nicht verbreien, sondern noch Biss haben.

Inzwischen die Schalotten (Zwiebeln) schälen, vierteln bzw. achteln und in einer Butter-Olivenöl-Mischung glasig braten (nur leicht an den Rändern anbräunen). Salzen, pfeffern und mit fein gehackter Petersilie bestreuen.

Suppe in Teller schöpfen und als Suppeneinlage die gebratenen Schalotten darüber geben.

VORSPEISE: GRIECHISCHER GEMÜSETELLER

150 g Gelbe Rüben, 200 g geputzter Broccoli (Röschen und geschälte Stiele), 100 g Knollensellerie, 100 g Schalotten, 1 EL Tomatenmark, 3/4 l Gemüsebrühe, Olivenöl, Salz, Pfeffer, Saft von 1/2 Zitrone, 2 Lorbeerblätter, 1 TL Korianderkörner, ca. 1/2 TL getrocknete Minze, 1/2 TL Thymian, 100 g kleine Champignons, 2-3 Stauden Chicorée, nach Belieben eine rote, getrocknete Peperoni

Gelbe Rüben, Broccolistiele und Sellerie in etwa 4 cm lange, bleistiftdicke Stifte schneiden. Schalotten je nach Größe ganz lassen oder halbieren. (Sie sollten nicht größer als die Pilze sein.)

Öl erhitzen und das Gemüse unter vorsichtigem Umschaufeln etwa 2 bis 3 Minuten braten. Tomatenmark dazugeben und einrühren. Mit einer guten Gemüsebrühe (siehe Seite 178) aufgießen, salzen, Zitronensaft und die übrigen Gewürze dazugeben.

Nur kurz aufkochen, nach 2 Minuten die Pilze hinzufügen und alles köcheln lassen, bis das Gemüse zwar weich, aber noch knackig ist. Das dauert zwischen 5 und 10 Minuten.

Chicorée achteln und in Olivenöl anbraten, bis die Ränder leicht braun sind. Gemüse einschließlich Chicorée auf Suppenteller verteilen.

Die Brühe mit Olivenöl, Salz und (falls keine Peperoni erwünscht sind) wenig Pfeffer abschmecken und ein wenig einkochen lassen.

Den Sud über das Gemüse verteilen. Gehackte Peperoni darüber streuen. Warm oder kalt mit Brot als Vorspeise servieren.

Bei diesem Gericht handelt es sich um einen Gemüseteller und nicht um eine Suppe. Brühe also nicht durch Flüssigkeitszugabe verdünnen, sondern eher konzentrieren. Das Gericht kann auch schon am Vortag zubereitet und auch kalt gegessen werden.

Krautkrapfen mit Feldsalat

ca. 600 g Sauerkraut, Butter oder Butterschmalz, Brühe, 2 Lorbeerblätter, 2 Wacholderbeeren, Kümmel, nach Belieben bis zu 100 g gewürfelter Speck, 3–4 EL Crème fraîche, Nudelteig aus 300 g Weizenmehl Type 1050 (oder zur Hälfte feinem Weizenschrot und zur Hälfte Mehl) und 3 Eiern (siehe Seite 136), eventuell Thymian

Sauerkraut in Butterschmalz andünsten. Mit so viel Brühe aufgießen, dass es gut bedeckt ist. Gewürze dazugeben.

Wer Speck will, gibt ihn jetzt klein gewürfelt ins Kraut. Das Ganze etwa 20 Minuten lang leicht köcheln lassen.

Dann das Sauerkraut in ein großes Küchensieb schütten und die Flüssigkeit in einem Topf auffangen. Wer keinen Speck will, vermengt 3 bis 4 EL Crème fraîche mit dem Kraut, nachdem die Flüssigkeit abgeschüttet ist.

Nudelteig ausrollen und in Quadrate von ca. 8 bis 10 cm Seitenlänge schneiden. So viel abgetropftes Sauerkraut auf den Nudelblättern verteilen, dass diese eingerollt und unten und oben zugeklappt werden können.

Die gefüllten Krapfen in eine gut ausgebutterte Bratreine geben und mit der Sauerkrautbrühe übergießen. Die Krapfen sollten gut zu drei Viertel mit Flüssigkeit bedeckt sein. Also bei Bedarf mit Brühe nachhelfen.

Im vorgeheizten Backrohr in der zugedeckten Bratreine etwa 1/2 Stunde backen. Dann Deckel runter, Butterflöckchen über die Krapfen verteilen und fertig backen, bis die Krapfen oben schön goldbraun sind.

Krapfen mit Speck in der Füllung mit einem Klacks Crème fraîche, Krapfen ohne Speck mit Thymianbutter servieren.

Für die Thymianbutter etwas Butter erhitzen und Thymianblättchen einstreuen, salzen, pfeffern und einmal aufschäumen lassen. Dazu gibt's Feldsalat.

Variante: Wer keine Zeit oder Lust zum Nudelmachen hat, kann Lasagneblätter verwenden und Nudeln und Sauerkraut schichtweise in eine Auflaufform geben. Dann weiter wie im Rezept mit Sauerkrautbrühe aufgießen usw. Schmeckt aber nicht ganz so gut.

Rupfhauben Erna

500 g mehlige (vorwiegend fest kochende gehen auch) gekochte, kalte Kartoffeln, 200 g Weizenmehl, 2 kleine Eier, Salz, Milch, Zucker, Butter

Kartoffeln durch die Presse drücken und mit Mehl und Eiern zu einem lockeren Teig vermengen. Teig nur leicht salzen.

Den Teig zu fingerdicken Würsten ausrollen und davon etwa fingerlange Stücke abschneiden.

Milch erhitzen und leicht zuckern Die heiße Milch in eine Bratreine gießen und die Rupfhauben reinsetzen. So viel Milch verwenden, dass die Rupfhauben fast bedeckt sind.

Butterflocken über die Rupfhauben verteilen. Im Rohr bei nicht zu starker Hitze goldgelb backen. Mit Zwetschgenkompott anrichten. Vanille- oder Zimteis passt auch gut dazu.

Alphabetisches Register

Ajwar 58
Altdeutsche Schnibbelbohnensuppe 39
Annelieses Frischkornbrei 80
Apfelkren 155
Apfel-Meerrettich-Mus mit Kartoffelschmarrn 156
Arabischer Bulgursalat 70
Artischocken
- Gebackene ~ 114
- Gebratene ~ 114
- Gefüllte ~ 115

Aubergine(n)
- Gefüllte ~ 107
- ~ gegrillt oder gebacken 104
- Marinierte ~ -scheiben 105
- ~ mit Minze 105
- Gebackene Bohnen mit ~ 40
- Parmigiana di melanzane 111
- Spaghetti mit ~, Quark und Kräuteröl 106
- Salat mit gegrillten ~ 11
- ~ -braten mit Gerste 107
- ~ -Füllung 108
- ~ -knödel 108

Ausgebackene Wurzeln klassisch 150
Austernpilze
- ~ auf Salat 124
- Gebratene ~ 124
- ~ und Polenta 124

Bandnudeln mit Erbsen 38
Basilikumpesto 58
Bischofsmütze mit Kürbisblüten 134
Blaue Pizza 72
Blumenkohl
- Bunter ~ -salat 26
- Curry- ~ mit Reis 27
- Gedünsteter ~ 25
- Linsensalat mit ~ und Broccoli 23
- ~ mit Bandnudeln 27
- ~ mit Bulgur 26
- ~ mit Nudeln aus dem Ofen 27
- ~ mit Nudeln und Semmelbröseln 26
- ~ mit rotem Paprika und schwarzen Oliven 25

Böhmischer Spitzbraten 162
Bohnen
- ~ alla carbonara 39
- Altdeutsche Schnibbelbohnensuppe 39
- Gebackene ~ con carne 42
- Gebackene ~ mit Auberginen 40
- Kurze Nudeln mit roten ~ 40
- ~ mit Knoblauch und Basilikum 38
- Tomaten- ~ -Salat 40
- Frische ~ -kerne mit Rosmarin 8

Bratemmerlinge 66
Bratkartoffeln 107
Braunfuchsen 176
Broccoli
- ~ al dente 23
- Linsensalat mit Blumenkohl und ~ 23
- ~ mit Orecchiette 24
- ~ -creme 25

Bucatini con cime di rapa 140
Bulgur
- Arabischer ~-salat 70
- Blumenkohl mit ~ 26
- Couscous und ~ 68
- Hausmacher- ~ mit Joghurt 69
- Lammcurry mit Aprikosen und ~ 70

Bunter Blumenkohlsalat 26

Calzone 75
Champignon(s)
- ~ mit Zucchini 126
- ~ -butter 137
- ~ in Pfannkuchen 125

Chili ohne Carne 120
Couscous
- Dinkel- ~ mit Sommergemüse 68
- ~ und Bulgur 68

Dampfnudel 78
Dinkelcouscous mit Sommergemüse 68
Dotsch 176

Einkornfladen 64
Einkornspätzle 47
Emmerrisotto mit fiori di zucchini 64
Endivien-Kartoffel-Salat mit Meerrettich 154
Erbsen
- Bandnudeln mit ~ 38
- Frische ~ -suppe 38
- ~ im Zwiebeleintopf 85

Escariol mit Peperoni 120

Falscher Speckknödel auf frischem Krautsalat 160
Farro bavarese 65
Frische Bohnenkerne mit Rosmarin 8
Frische Erbsensuppe 38
Füllung alla calabrese 86
Füllung mit Fenchel und Rosmarin 75
Füllung mit Zwiebeln und Sultaninen 75
Füllung vegetale 85

Gebackene Artischocken 114
Gebackene Bohnen con carne 42
Gebackene Bohnen mit Auberginen 40
Gebackene Nudeln mit Paprika und Basilikum 100
Gebackene Steckrüben 145
Gebackene Wurzeln mit Rigatoni 149
Gebeizter Kardinal 91
Gebratene Artischocken 114
Gebratene Rüben 141
Gebratene Stein- oder Austernpilze 124
Gebratener Tomatenreis 35
Gedünsteter Blumenkohl 25
Gefüllte Artischocken 115
Gefüllte Gemüsezwiebeln mit Kartoffeln 84
Gefüllte Gurken mit Roggenschrot 50
Gefüllte Pilze 125

Gefüllte rote Zwiebeln alla calabrese 86
Gefüllte Spitzpaprika in gehackten Tomaten 100
Gefüllte Zwiebeln Alpenblick 87
Gefüllte Tomate 34
Gegrillte Pilze mit Zucchini 15
Gelbe Pizza 74
Gelbe Rüben mit Petersilie 145
Gemüsebrühe 178
Gemüsezwiebeln
Gefüllte ~ mit Kartoffeln 84
Geschmorte Distelböden 114
Geschmorte Speiserüben 141
Glasierte Teltower 142
Glees (Klöße) mit Vitaminen 177
Grano dolce (Süßer Weizen) 66
Gratinierte Tomaten 34
Griechischer Gemüseteller 184
Grießknödel 92
Grünes Apfelkompott 78
Grünes Brot 141
Gurken
Gefüllte ~ mit Roggenschrot 50
Roggenbruch mit geschmorten ~ 50
Türkischer ~ -salat 54
~ -Kartoffelsalat 55
~ -Relish 55
~ -salat mit Tiroler Pressknödeln 54

Haferrisotto mit Artischocken 80
Hamburger 76
Hausmacher-Bulgur mit Joghurt 69
Heiliges Öl 119
Holledauer Teigknödel 160
Hollerresl mit Grießknödeln 92
Hosenknöpfe 173
~ mit buntem Gemüse 173

Impastoiata 42

Kandierte Kürbisblüten mit Johannisbeerquark 16
Kartoffel(n)
Brat- ~ 107
~ -frico 174
~ -gulasch 174
~ -knödel (Reiberknödel) 177
~ -schmarrn 178
~ -suppe Erna mit gebratenen Schalotten 183
Katzenköpfe 176
Klassisches Radigmüas (Rettichsalat) 157
Klerikalpasta: Bischofsmütze mit Kürbisblüten 134
Knödel und Kraut 168
Konfit di zucca 60
Kraftbeutel 81
Kräuterpesto 59
Krautkrapfen mit Feldsalat 185
Krautsalat 160
Falscher Speckknödel auf frischem ~ 160
~ mit Paprika 160
Krautspatzen 169
Krenkartoffeln 156
Kürbis
Steirisches ~ -gulasch 135
Kandierte ~ -blüten mit Johannisbeerquark 16
~ -gnocchi mit Salbei- oder Champignonbutter 137
~ -püree 135
~ -rahmsuppe 134
~ -ravioli 136
~ -suppe einfach buono 134
Kurze Nudeln mit roten Bohnen 40

Lammcurry mit Aprikosen und Bulgur 70
Lauwarmer Rosenkohl 164
Ligurischer Bohnenkuchen 39
Linsen
~ in Tomaten 46
~ mit Borretsch 47
~ mit Einkornspätzle 47
~ mit Rosmarin 44
Pasta mit ~ und Zucchini 46
~ -gerst 44
~ -salat mit Blumenkohl und Broccoli 23
Löwenzahn
Pestonocken mit ~ -oder Wegwartensalat 91

Mangoldwurzel-Eierkuchen 149
Marinierte Auberginenscheiben 105
Meerrettich
Apfel- ~ -Mus mit Kartoffelschmarrn 156
Endivien-Kartoffel-Salat mit ~ 154
~ mit Johannisbeergelee im Frischkäse 154
Roher ~ 154
~ -quark 154
~ -soße mit gebackenen Roten Rüben 155
Minestra di Lungo bianco 131
Mürbteig (Ölteig) 121
Muschelnudeln in Rübenbrodo 144

Nudelteig für Ravioli 136

Olio Santo 119
Orechiette 24
Original aus Napoli 75

Pan cotto mit scharfen Paprikaschoten 98
Panierter Rosenkohl 164
Paprika
Gebackene Nudeln mit ~ und Basilikum 100
Gefüllte Spitz- ~ in gehackten Tomaten 100
~ in Tomatensoße 97
~ mit Bratkartoffeln 98
Pan cotto mit scharfen ~ -schoten 98
Türkische ~ -schoten mit Quark 98

~ -Füllung 101
~ -gemüse mit Knoblauch 97
~ -püree mit Knoblauch und Öl 101
Parmigiana di melanzane 111
Pasta mit Linsen und Zucchini 46
Pesto
~ austriaco 59
Basilikum- ~ 58
Kräuter- ~ 59
~ rosso 59
Tomatensoße mit ~ 32
~ -nocken mit Löwenzahn- oder Wegwartensalat 91
Pichelsteiner 143
Pikante Fleischfüllung 84
Pilze
Gegrillte ~ mit Zucchini 15
Pizza 71 ff.
Blaue ~ 72
Gelbe ~ 74
Original aus Napoli 75
Rote ~ 72
Schwarze ~ 72
Weiße ~ 75
Pizza-Beläge 72 ff.
Pommes Frittes 173

Radi-kalkur: Rettichsaft 157
Ravioli
Nudelteig für ~ 136
Reiberknödel (Kartoffelknödel) 177
Rettich
Klassisches Radigmüas (~ -salat) 157
Radi-kalkur: ~ -saft 157
Schwarzer ~ mit Kürbiskernöl 157
~ -salat im Rinderschinken 157
Roggen
Gefüllte Gurken mit ~ -schrot 50
~ -bandnudeln 51
~ -bandnudeln mit Hanf 51
~ -bruch mit geschmorten Gurken 50
~ -spätzle 24
~ -spätzle mit geraffelten Gurken und Rettich 51
~ -spätzle mit Sommergemüse 51
Roggene Mehlknödel 50
Rohe Wurzeln 148
Roher Meerrettich 154
Rohrnudeln mit Zwetschgen 77
Rondini
~ einfach buono 132
Florentiner ~ 132
Rosenkohl
Lauwarmer ~ 164
Panierter ~ 164
~ -auflauf 165
~ -suppe 164
Rosenkrustenkohl 165
Rote Pizza 72
Rüben
Gebackene Steck- ~ 145
Gebratene ~ 141
Gelbe ~ mit Petersilie 145
Geschmorte Speise ~ 141
Muschelnudeln in ~ -brodo 144
Steck- ~ -gratin mit Sbrinz 145
Steck- ~ -püree 144
Steck- ~ -suppe 144
~ -gratin 142
~ -salat mit Hanf 140
~ -salat mit Senf 140
~ -sprossen 143
Rupfhauben Erna 185

Salat mit gegrillten Auberginen 11
Salbeibutter 137
Salsa agrodolce (Süß-saure Soße) 60
Sauerkraut 166
~ -laiberl à la Wiener Neustadt 169
~ -rohkost 166
~ -semmeln 168
~ -suppe 169
Saures Kartoffelgemüse mit Lyoner 174
Scharfe Composta rossa 60
Scharfe Krautschnitten 121
Schwammerlgulasch und Knödel 126
Schwarze Pizza 72
Schwarzer Rettich mit Kürbiskernöl 157
Sellerie
Stangen- ~ mit heiligem Öl 119
Tomatenrisotto mit ~ 35
Semmelknödel 160
Semmeln, Schrippen, Brödla 76
Sizilianischer Emmer 65
Sommersuppe mit Weizen 64
Sophia fällt in Ohnmacht 104
Spaghetti
~ alla norma 106
~ alla zappatora 119
~ arrabbiata 119
~ mit Auberginen, Quark und Kräuteröl 106
Speiserüben mit Rucola 140
Spitzbraten
Böhmischer ~ 162
~ mediterran 162
Spitzkohl
~ -Füllung 161
~ -rollbraten 161
Stangensellerie mit heiligem Öl 119
Steckrüben
~ -gratin mit Sbrinz 145
~ -püree 144
~ -suppe 144
Steinpilze
Gebratene ~ 124
Steirisches Kürbisgulasch 135

Tomate(n)
~ -reis 35
Gefüllte ~ 34
Frische ~ -soße 30
Gratinierte ~ 34
Nudeln mit ~ -soße 30
Pan con tomate 30
~ -Bohnen-Salat 40
~ -Emmer mit Wurzelgemüse 35
~ -marinade 34
~ -reis mit Fenchel 35

~ -risotto mit Sellerie 35
~ -soße mit Pesto 32
~ -soße mit Wurzelgemüse 32
~ -soße tipica nach Tommaso di Ciaula 32
Türkische Paprikaschoten mit Quark 98
Türkischer Zuckerkürbis 136
Tzatziki 58

Wegwarte(n)
Pestonocken mit Löwenzahn- oder ~ -salat 91
Weiße Pizza 75
Weizen
Grano dolce (Süßer ~) 66
Sommersuppe mit ~ 64
Wickelkuchen mit Fenchel 77
Winterpostelein mit schwarzem Rettich
Wurzel(n)
Ausgebackene ~ klassisch 150
Gebackene ~ mit Rigatoni 149
Rohe ~ 148
Tomatensoße mit ~ -gemüse 32
~ -pommes mit Rübenblättern 150
~ -salat 148
Wurzlsuppn 148

Zucchinisalat mit Basilikum 131
Zwiebel(n)
Erbsen im ~ -eintopf 85
Gefüllte Gemüse- ~ mit Kartoffeln 84
Gefüllte rote ~ alla calabrese 86
Gefüllte ~ Alpenblick 87

Register Gerichte

Pesti, Soßen, Suppen & Eintöpfe

Ajwar 58
Altdeutsche Schnibbelbohnensuppe 39
Apfelkren 155
Basilikumpesto 58
Chili ohne Carne 120
Frische Erbsensuppe 38
Frische Tomatensoße 30
Gemüsebrühe 178
Gurken-Relish 55
Kartoffelsuppe Erna mit gebratenen Schalotten 183
Konfit di zucca 60 ?
Kräuterpesto 59
Kürbisrahmsuppe 134
Kürbissuppe einfach buono 134
Meerrettichsoße mit gebackenen Roten Rüben 155
Olio Santo 119
Pesto austriaco 59
Pesto rosso 59
Pichelsteiner 143
Rosenkohlsuppe 164
Salsa agrodolce (Süß-saure Soße) 60
Sauerkrautsuppe 169
Scharfe Composta rossa 60
Schwammerlgulasch und Knödel 126
Sommersuppe mit Weizen 64
Steckrübensuppe 144
Tomatenmarinade 34
Tomatensoße mit Pesto 32
Tomatensoße mit Wurzelgemüse 32
Tomatensoße tipica nach Tommaso di Ciaula 32
Tzatziki 58
Wurzlsuppn 148

Salate & Rohkost

Arabischer Bulgursalat 70
Bunter Blumenkohlsalat 26
Endivien-Kartoffel-Salat mit Meerrettich 154
Gebeizter Kardinal 91
Gurken-Kartoffelsalat 55
Gurkensalat 54
Klassisches Radigmüas (Rettichsalat) 157
Krautsalat 160
Krautsalat mit Paprika 160
Linsensalat mit Blumenkohl und Broccoli 23
Löwenzahnsalat 91
Rettichsalat im Rinderschinken 157
Rohe Wurzeln 148
Roher Meerrettich 154
Rübensalat mit Hanf 140
Rübensalat mit Senf 140
Rübensprossen 143
Salat mit gegrillten Auberginen 11
Sauerkrautrohkost 166
Tomaten-Bohnen-Salat 40
Wegwartensalat 91
Wurzelsalat 148
Zucchinisalat mit Basilikum 131

Risotti, Getreide- und Brotgerichte

Annelieses Frischkornbrei 80
Blaue Pizza 72
Blumenkohl mit Bulgur 26
Blumenkohl-Curry mit Reis 27
Bratemmerlinge 66
Dinkelcouscous mit Sommergemüse 68
Einkornfladen 64
Einkornspätzle 47
Emmerrisotto mit fiori di zucchini 64
Farro bavarese 65
Gebratener Tomatenreis 35
Gelbe Pizza 74
Haferrisotto mit Artischocken 80
Hausmacher-Bulgur mit Joghurt 69
Linsengerst 44
Mürbteig (Ölteig) 121
Pizza Original aus Napoli 75
Pan con tomate 30

Pan cotto mit scharfen Paprikaschoten 98
Pizza 71
Roggenbruch mit geschmorten Gurken 50
Rote Pizza 72
Sauerkrautlaiberl à la Wiener Neustadt 169
Sauerkrautsemmeln 168
Schwarze Pizza 72
Semmeln, Schrippen, Brödla 76
Sizilianischer Emmer 65
Tomaten-Emmer mit Wurzelgemüse 35
Tomatenreis 35
Tomatenreis mit Fenchel 35
Tomatenrisotto mit Sellerie 35
Weiße Pizza 75

Nudeln, Knödel & Eierspeisen

Auberginenknödel 108
Bandnudeln mit Erbsen 38
Blumenkohl mit Bandnudeln 27
Blumenkohl mit Nudeln aus dem Ofen 27
Blumenkohl mit Nudeln und Semmelbröseln 26
Broccoli mit Orecchiette 24
Bucatini con cime di rapa 140
Champignons in Pfannkuchen 125
Dampfnudel 78
Falscher Speckknödel auf frischem Krautsalat 160
Gebackene Nudeln mit Paprika und Basilikum 100
Gebackene Wurzeln mit Rigatoni 149
Glees (Klöße) mit Vitaminen 177
Grünes Brot 141
Hamburger 76
Holledauer Teigknödel 160
Kartoffelknödel (Reiberknödel) 177
Klerikalpasta: Bischofsmütze mit Kürbisblüten 134
Knödel und Kraut 168
Krautspatzen 169
Kürbisravioli 136
Kurze Nudeln mit roten Bohnen 40
Muschelnudeln in Rübenbrodo 144
Nudeln mit Tomatesoße 30
Nudelteig für Ravioli 136
Orechiette 24
Pasta mit Linsen und Zucchini 46
Roggenbandnudeln 51
Roggenbandnudeln mit Hanf 51
Roggene Mehlknödel 50
Roggenspätzle 24
Roggenspätzle mit geraffelten Gurken und Rettich 51
Roggenspätzle mit Sommergemüse 51
Semmelknödel 160
Spaghetti alla norma 106
Spaghetti alla zappatora 119
Spaghetti arrabbiata 119
Spaghetti mit Auberginen, Quark und Kräuteröl 106

Gemüsegerichte für Vor- und Hauptspeisen

Apfel-Meerrettich-Mus mit Kartoffelschmarrn 156
Artischocken mit Nudeln 115
Aubergine gegrillt oder gebacken 104
Aubergine mit Minze 105
Auberginenbraten mit Gerste 107
Ausgebackene Wurzeln klassisch 150
Austernpilze auf Salat 124
Austernpilze und Polenta 124
Bischofsmütze mit Kürbisblüten 134
Blumenkohl mit rotem Paprika und schwarzen Oliven 25
Böhmischer Spitzbraten 162
Bohnen alla carbonara 39
Bohnen mit Knoblauch und Basilikum 38
Bratkartoffeln 107
Braunfuchsen 176
Broccoli al dente 23
Champignons mit Zucchini 126
Dotsch 176
Erbsen im Zwiebeleintopf 85
Escariol mit Peperoni 120
Florentiner Rondini 132
Frische Bohnenkerne mit Rosmarin 8
Gebackene Artischocken 114
Gebackene Bohnen mit Auberginen 40
Gebackene Steckrüben 145
Gebackene Wurzeln mit Rigatoni 149
Gebeizter Kardinal 91
Gebratene Artischocken 114
Gebratene Rüben 141
Gebratene Stein- oder Austernpilze 124
Gedünsteter Blumenkohl 25
Gefüllte Artischocken 115
Gefüllte Aubergine 107
Gefüllte Gemüsezwiebeln mit Kartoffeln 84
Gefüllte Gurken mit Roggenschrot 50
Gefüllte Pilze 125
Gefüllte rote Zwiebeln alla calabrese 86
Gefüllte Spitzpaprika in gehackten Tomaten 100
Gefüllte Zwiebeln Alpenblick 87
Gefüllte Tomate 34
Gegrillte Pilze mit Zucchini 15
Gelbe Rüben mit Petersilie 145
Geschmorte Distelböden 114
Geschmorte Speiserüben 141
Glasierte Teltower 142
Gratinierte Tomaten 34
Griechischer Gemüseteller 184
Grießknödel 92
Gurkensalat mit Tiroler Pressknödeln 54
Haferrisotto mit Artischocken 80
Hosenknöpfe mit buntem Gemüse 173
Impastoiata 42
Kartoffelfrico 174
Kartoffelgulasch 174
Kartoffelschmarrn 178
Katzenköpfe 176
Kraftbeutel 81
Krautkrapfen mit Feldsalat 185
Krenkartoffeln 156
Kürbisgnocchi mit Salbei- oder

Champignonbutter 137
Kürbispüree 135
Lauwarmer Rosenkohl 164
Ligurischer Bohnenkuchen 39
Linsen in Tomaten 46
Linsen mit Borretsch 47
Linsen mit Einkornspätzle 47
Linsen mit Rosmarin 44
Mangoldwurzel-Eierkuchen 149
Marinierte Auberginenscheiben 105
Meerrettich mit Johannisbeergelee im Frischkäse 154
Meerrettichquark 154
Meerrettichsoße mit gebackenen Roten Rüben 155
Minestra di Lungo bianco 131
Panierter Rosenkohl 164
Paprika in Tomatensoße 97
Paprika mit Bratkartoffeln 98
Paprikagemüse mit Knoblauch 97
Paprikapüree mit Knoblauch und Öl 101
Parmigiana di melanzane 111
Pestonocken mit Löwenzahn- oder Wegwartensalat 91
Pichelsteiner 143
Pommes Frittes 173
Roggenbruch mit geschmorten Gurken 50
Rondini einfach buono 132
Rosenkohlauflauf 165
Rosenkrustenkohl 165
Rübengratin 142
Sauerkraut 166
Scharfe Krautschnitten 121
Schwarzer Rettich mit Kürbiskernöl 157
Sophia fällt in Ohnmacht 104
Speiserüben mit Rucola 140
Spitzbraten mediterran 162
Spitzkohlrollbraten 161
Stangensellerie mit heiligem Öl 119
Steckrübengratin mit Sbrinz 145
Steckrübenpüree 144
Steirisches Kürbisgulasch 135
Türkische Paprikaschoten mit Quark 98
Türkischer Zuckerkürbis 136
Wickelkuchen mit Fenchel 77
Wurzelpommes mit Rübenblättern 150

Fleischgerichte

Gebackene Bohnen con carne 42
Lammcurry mit Aprikosen und Bulgur 70
Rettichsalat im Rinderschinken 157
Saures Kartoffelgemüse mit Lyoner 174

Nachspeisen

Grano dolce (Süßer Weizen) 66
Grünes Apfelkompott 78
Hollerresl mit Grießknödeln 92
Kandierte Kürbisblüten mit Johannisbeerquark 16
Rohrnudeln mit Zwetschgen 77
Rupfhauben Erna 185

Grundrezepte

Bratkartoffeln 107
Calzone 75
Champignonbutter 137
Couscous und Bulgur 68
Einkornspätzle 47
Gemüsebrühe 178
Grießknödel 92
Hosenknöpfe 173
Mürbteig (Ölteig) 121
Nudelteig für Ravioli 136
Olio Santo 119
Pizza 71
Polenta 42
Reiberknödel (Kartoffelknödel) 177
Roggenbandnudeln 51
Salbeibutter 137
Semmelknödel 160

Füllungen

Artischocken-Füllung 115
Auberginen-Füllung 108
Füllung alla calabrese 86
Füllung mit Fenchel und Rosmarin 75
Füllung mit Zwiebeln und Sultaninen 75
Füllung vegetale 85
Paprika-Füllung 101
Pikante Fleischfüllung 84
Spitzkohl-Füllung 161

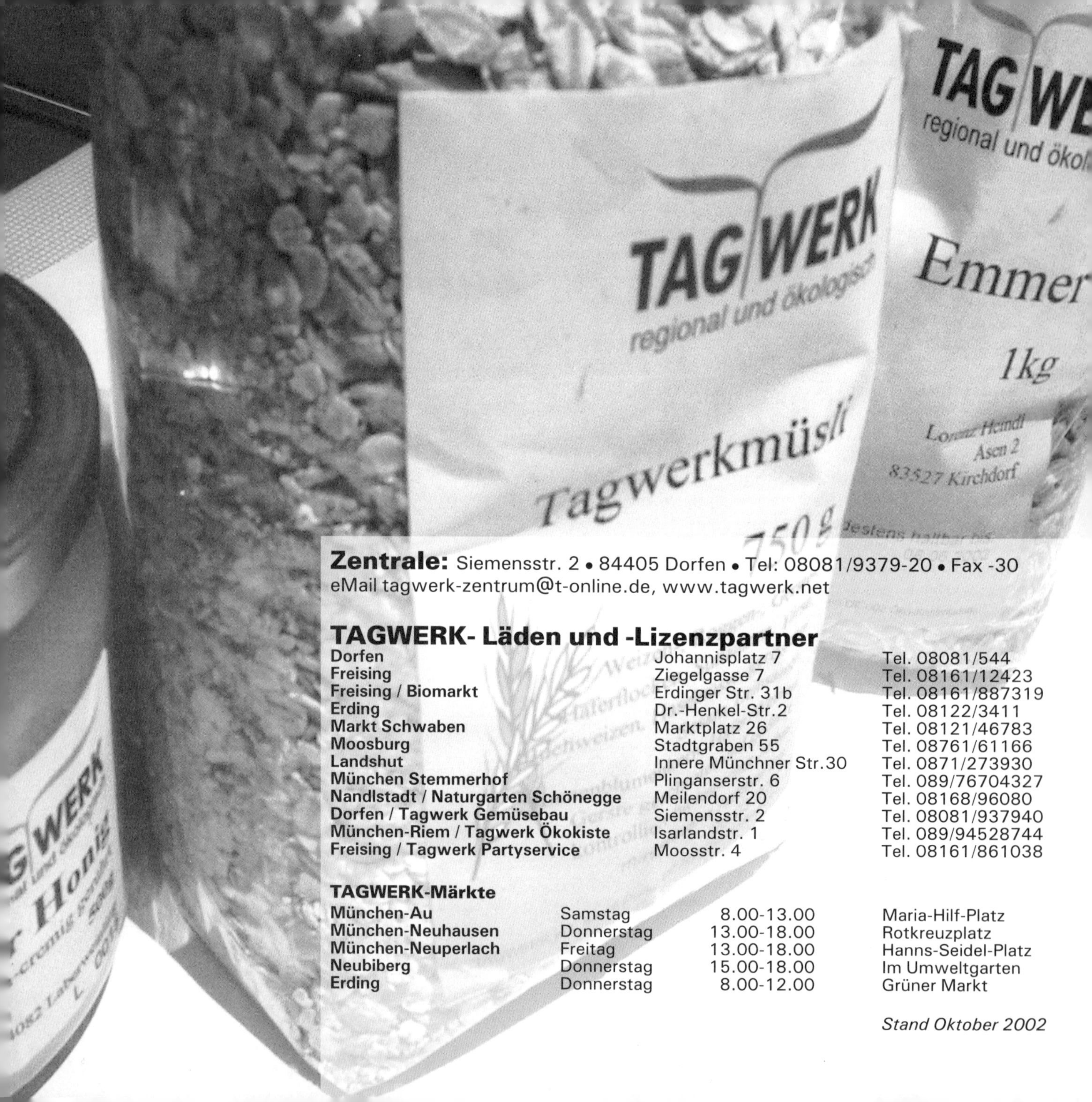

Zentrale: Siemensstr. 2 • 84405 Dorfen • Tel: 08081/9379-20 • Fax -30
eMail tagwerk-zentrum@t-online.de, www.tagwerk.net

TAGWERK- Läden und -Lizenzpartner

Dorfen	Johannisplatz 7	Tel. 08081/544
Freising	Ziegelgasse 7	Tel. 08161/12423
Freising / Biomarkt	Erdinger Str. 31b	Tel. 08161/887319
Erding	Dr.-Henkel-Str.2	Tel. 08122/3411
Markt Schwaben	Marktplatz 26	Tel. 08121/46783
Moosburg	Stadtgraben 55	Tel. 08761/61166
Landshut	Innere Münchner Str.30	Tel. 0871/273930
München Stemmerhof	Plinganserstr. 6	Tel. 089/76704327
Nandlstadt / Naturgarten Schönegge	Meilendorf 20	Tel. 08168/96080
Dorfen / Tagwerk Gemüsebau	Siemensstr. 2	Tel. 08081/937940
München-Riem / Tagwerk Ökokiste	Isarlandstr. 1	Tel. 089/94528744
Freising / Tagwerk Partyservice	Moosstr. 4	Tel. 08161/861038

TAGWERK-Märkte

München-Au	Samstag	8.00-13.00	Maria-Hilf-Platz
München-Neuhausen	Donnerstag	13.00-18.00	Rotkreuzplatz
München-Neuperlach	Freitag	13.00-18.00	Hanns-Seidel-Platz
Neubiberg	Donnerstag	15.00-18.00	Im Umweltgarten
Erding	Donnerstag	8.00-12.00	Grüner Markt

Stand Oktober 2002

ICH BEDANKE MICH BEI ALLEN, DIE IN IRGENDEINER FORM ZUM GELINGEN DIESES KOCHBUCHES BEIGETRAGEN HABEN. VOR ALLEM GILT MEIN RESPEKT UND MEIN DANK DEN VIELEN GENOSSENSCHAFTLERN DER TAGWERK E.G. UND DEN MITGLIEDERN DES TAGWERK FÖRDERVEREINS.

Silvesterparty mit schönen Vorsätzen:
Immer gut essen und einfach fairspeisen
Der Autor (2.v.l.) im Kreise seiner Familie.